U1012089

职业技能培训教材

直播销售员

吉林省人力资源和社会保障厅　组织编写

编审委员会

主　任：吴　兰

副主任：姬国海　黄　明

委　员：蔡宏伟　杨　彬　齐立新　王海龙

编写人员

主　编：汪洪涛

副主编：栾福明　丁立鹏　马衍明　兰　宇

编　者：王纯科　王雪峰　张健龙　张　贺

张　聪　张松淇　孟秋丽　钱　军

中国劳动社会保障出版社

图书在版编目（CIP）数据

直播销售员 / 吉林省人力资源和社会保障厅组织编写. -- 北京：中国劳动社会保障出版社，2020.10

职业技能培训教材

ISBN 978-7-5167-4789-6

Ⅰ. ①直⋯ Ⅱ. ①吉⋯ Ⅲ. ①网络营销 – 技术培训 – 教材 Ⅳ. ①F713.365.2

中国版本图书馆 CIP 数据核字（2020）第 197317 号

中国劳动社会保障出版社出版发行

（北京市惠新东街 1 号 邮政编码：100029）

*

北京市白帆印务有限公司印刷装订 新华书店经销

787 毫米 ×1092 毫米 16 开本 8.5 印张 100 千字

2020 年 10 月第 1 版 2021 年 7 月第 6 次印刷

定价：25.00 元

读者服务部电话：（010）64929211/84209101/64921644

营销中心电话：（010）64962347

出版社网址：http://www.class.com.cn

版权专有 侵权必究

如有印装差错，请与本社联系调换：（010）81211666

我社将与版权执法机关配合，大力打击盗印、销售和使用盗版图书活动，敬请广大读者协助举报，经查实将给予举报者奖励。

举报电话：（010）64954652

前　言

当前，我国正在加速构建以国内大循环为主体、国内国际双循环相互促进的新发展格局，更加强调供给侧结构性改革，更加注重消费多样化、品质化、个性化和数字化，这给直播销售带来巨大的发展空间和发展潜力。

直播销售已经成为电子商务领域的新型营销模式，熟悉和掌握相关理论知识和实操技巧是直播销售员做好本职工作的基础。

本书以培养直播销售员的营销、策划、推广及直播销售能力为核心。通过对本书的系统性学习，学员不仅能了解直播销售相关知识，还能综合掌握直播、短视频创作等实操技术，从而满足从事直播销售工作的基本要求。

本书可作为直播销售员、互联网营销师等相关职业的培训教材，以及技工院校、职业院校、职业培训学校相关专业的教学用书，也可作为传统行业管理者、中小微企业人员、个体创业者的转型创业参考用书。

本书由吉林省人力资源和社会保障厅组织编写，吉林省蓝海职业技能培训学校牵头编写，吉林省数字科技高级技工学校、吉林省晟鑫职业技能培训学校、吉林省纺织工业技师学院、长春高新区摆渡创业就业职业培训学校参与编写。

本书在编写过程中得到吉林省人力资源和社会保障厅的大力支持及网信部门有关领导的政策指导，同时也得到吉林大学管理学院陈海涛教授、哲学社会学院孟秋丽教授，吉林建筑大学经济与管理学院许超教授、王纯科教授等及各大主流电商平台公司驻吉林省有关专家的精心指导，在此一并感谢！

直播销售是新生事物，许多理论、模式还在发展和探索中。由于编写时间紧迫，以及作者自身水平及认知的局限，书中存在观点、方法争议实属难免，望广大读者批评指正，不吝赐教，以便在后续版本中更正。

编　者

2020 年 9 月

目　录

上篇　基础知识

下篇 实际操作

上篇

基础知识

第一章

新媒体营销认知

网络直播实质是一种基于网络技术的新型营销方式。了解、掌握新媒体环境下的营销学基本原理，是正确理解和开展网络直播销售的基础。

第一节　新媒体简介

一、新媒体的产生背景

1. 技术发展迅速，形成市场创新基础

互联网与智能终端发展迅速，形成市场创新基础。2012—2019 年中国移动互联网市场规模如图 1–1 所示。

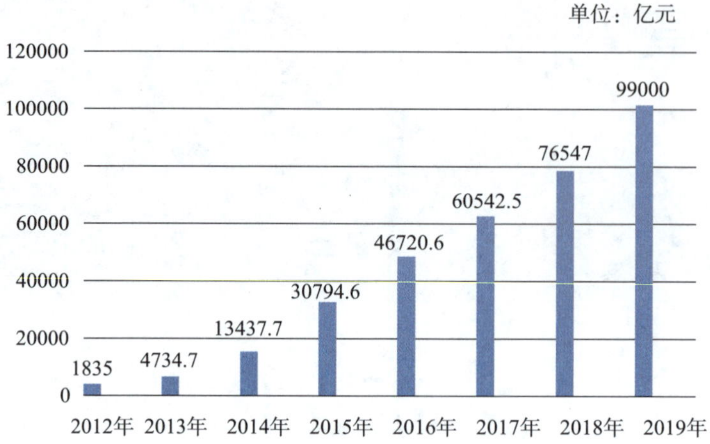

图 1-1　2012—2019 年中国移动互联网市场规模

2. 消费行为习惯变化

60 后、70 后已成为互联网消费的忠实追随者，80 后、90 后新锐消费群体的消费观念、需求、行为等较中老年群体已发生巨大的变化。

3. 传统媒体衰退，主动融合求变

互联网的飞速发展改变了行业界限和竞争态势，导致传统媒体行业如报纸、杂志等的销量持续下降。同时，大数据、人工智能等新技术不断发展，孕育着新的社会发展变革。

在外界环境变化和内在发展需求的双重压力下，传统媒体主动寻求变革及融合，以期重新焕发活力。

二、新媒体的概念与类型

新媒体是指基于互联网技术、通信技术等，采用新的媒体经营模式，以个性化、互动化、精准化的传播方式，开创新的媒体内容与表现形式，创造

新的媒体用户体验的现代媒体类型。

新媒体具有以互动化为核心、以平台化为特色、以个性化为导向等特点。当前主流新媒体大致可分为三种类型，每种类型又可细分为不同的平台。

1. 第一类型

第一类新媒体包括微信平台和微博平台。

这两类平台是各大企业都需要占位、深耕的新媒体平台。

2. 第二类型

第二类新媒体包括直播平台、视频平台、音频平台。

这三类平台是企业占位和强化宣传的阵地，娱乐化与多媒体化是营销推广的热门趋势。

3. 第三类型

第三类新媒体包括问答平台、百科平台和论坛平台。

这三类平台的公域流量（由于平台自身的影响力及受关注度而产生的流量）呈现快速增长趋势。

三、新媒体的发展现状

1. 用户规模日益庞大，发展速度快

《第 45 次中国互联网络发展状况统计报告》显示：截至 2020 年 3 月，我国网民规模为 9.04 亿，互联网普及率达 64.5%；农村网民规模为 2.55 亿，占网民整体的 28.2%；城镇网民规模为 6.49 亿，占网民整体的 71.8%；网络购

物用户规模达 7.1 亿。

网民规模不断扩大说明新媒体用户规模也在不断扩大。

2. 短视频市场极速发展

短视频平台数量快速增加，规模持续扩大。巨型互联网公司纷纷布局短视频市场，以各自组织视频分发队伍的形式进行市场瓜分。

短视频行业的产品类型与服务更加多元，短视频平台借助影响力不断推出符合总体趋势且有利于自身发展的营销手段。

3. 自媒体平台发展迅速，微信、微博影响力巨大

微信已经成为全民使用的移动通信工具，已实现对国内移动互联网用户的大面积覆盖。腾讯 2020 年第一季度财务报告数据显示，微信及 Wechat（微信海外版）合并月活跃用户数量（MAU）已达到 12.025 亿，同比增长 8.2%。

新浪微博 2020 年第一季度财务报告数据显示，截至 2020 年 3 月底，微博月活跃用户数量为 5.5 亿，净增加数量约为 8 500 万，同比增长 16%。

4. 信息新技术加速媒体融合，移动智媒化时代显现

新闻内容微创新，为受众设计个性推荐阅览，移动化、可视化、个性化的多功能互联网平台已经成为新媒体发展的未来趋势。

建立在专业媒体及人工智能、云计算、大数据等技术的基础上，信息新技术已经从概念阶段走向实践阶段，媒体融合逐渐迈向智媒化阶段，媒体界限变得模糊。

四、新媒体的发展前景

1. 数字经济引领“数字中国”建设走上新征程。

2. 人工智能技术迅速发展，智能互联与万物融合时代加速到来。

3. 媒体融合系统性创新快速发展，效果评估不断得到规范。

4. “一带一路”倡议等中国智慧持续推进我国国际传播能力提升。

5. 内容价值持续回归，内容付费成为新媒体盈利增长新热点。

6. 政务新媒体不断自我整合，服务功能逐步“实化”和“具化”。

7. 用户个体商业价值被激活，“社交电商”成为新势力。

8. 互联网治理趋势依然是严管严控，网络安全至关重要。

第二节　新媒体营销变革

新媒体营销作为企业营销战略的一部分，是新时代企业面对的全新营销方式。新媒体营销基于数字化技术，从传播互动性出发进行营销实施，并通过新媒体平台的消费者反馈及时调整传播策略和营销策略，针对不同个体进行个性化营销。

新媒体营销的变革思想和实践贯穿新媒体时代。

一、新驱动

新媒体拓展了人工智能及智能互动系统的应用领域，通过数字营销及标签优化算法赋能，使商品、消费者、媒体等多层商业要素实现快速匹配，从而实现了精准营销。

二、新目标

新媒体出现以后，营销方式和销售渠道都更加多元，销售行为不再只发生在线下实体店，所有新媒体渠道都可以成为销售变现网络。

新零售的出现将电子商务的经验和优势结合到实体零售中。新零售是指通过线上、线下互动融合的运营方式，让消费者既能得到线下“看得见、摸得着”的体验优势，又能享受电子商务销售渠道的实惠价格。目前，新零售已成为新媒体营销的新目标。

三、新模式

新媒体最突出的特征是创造了传播者和受众之间的即时双向传播模式，从而催生了新的营销模式。企业与消费者的双向传播模式奠定了新媒体营销的开放性和参与性。同时，企业也越来越重视消费者对商品生产和购买过程的参与性。

四、新市场

互联网技术的应用使营销的重心逐渐从企业转向消费者，新媒体营销真正让消费者成为营销的主体和核心，从而创造出一个全新的市场。通过新媒体，企业可以开展多平台营销互动，实现营销的即时性、双向性。部分消费者也可以通过新媒体平台影响其他消费者。

第三节　新媒体对市场营销的影响

新媒体对市场营销产生的影响主要表现在以下方面。

一、影响市场营销活动

1. 为企业产品宣传提供新平台

企业可以通过网络推广、广告植入等形式在网站上进行产品宣传，扩大产品宣传面。此外，企业可以通过门户网站或搜索引擎为产品定制广告。例如，企业可以围绕消费者搜索需要设置关键词，提高商品被检索概率，大大提升产品宣传效果。

2. 促进企业市场营销观念转变

新媒体营销渠道使消费者有更多的选择和机会，并实现与企业互动沟通。这种格局的改变促使企业必须转变市场营销观念，认真研究消费者在新媒体时代的需求，推出具有针对性的产品和服务，满足消费者需求。

3. 为企业掌握消费者资源提供平台

互联网技术发展改变了企业销售模式和顾客消费方式。企业可以通过收集消费者的消费经历、消费喜好等信息，利用互联网技术进行分类分析，从而了解消费者的真正需求，为其提供具有针对性的产品和服务。

4. 促进企业创新市场营销手段

在新媒体时代，消费者已经逐渐掌握产品选择的主动权。企业需要积极改变传统的营销思维和手段，采取互动体验、精准传达等营销方法，让顾客在消费过程中得到享受，从而营造良好的口碑，进一步提升产品宣传效果，促进销售。

二、影响市场营销策略

1. 转变市场营销观念，主动占领市场

在新媒体时代，市场竞争越来越激烈，消费者选择机会越来越多。因此，企业要积极转变市场营销观念，变被动营销为主动营销，深入了解消费者的真实需求，按照市场需求提供不同类型的产品，以满足消费者不同层次的需求。

2. 拓展新媒体营销平台，扩大市场影响力

企业要通过新媒体平台开展市场营销。新媒体营销方式多种多样，比如，企业可以通过新媒体平台进行企业宣传；可以通过新媒体平台进行产品信息发布和宣传，方便消费者及时了解产品信息和营销活动；可以通过新媒体平台开展消费者需求调研工作，为企业市场营销和产品生产提供帮助。此外，企业还可以通过新媒体平台开展线上公共关系和客户服务。

3. 把握新媒体发展趋势，创新营销模式

（1）虚拟体验式消费。虚拟体验式消费是指企业使用相关互联网技术，创设一个开放、仿真的虚拟空间，让参与者间接体验产品或服务。这种体验方式保障了消费者的选择权，提高了消费过程中的趣味性、互动性，受到消

费者的欢迎。

（2）广告植入融合。新媒体时代，植入式广告可以巧妙地将产品宣传信息融入有故事情节的视频中，若合理把握尺度，则既可以提升企业品牌形象，又可以将新媒体广告植入的无限切入性、低成本性等特点发挥得比较充分。在此基础上开展精准营销，营销效果将大大优于传统营销手段。

综上所述，新媒体影响消费方式、消费观念，企业要想在激烈的市场竞争中取得成功，就需要不断研究新媒体时代的消费者需求，转变传统市场营销观念，把握新媒体市场营销的特点和发展趋势，掌握营销主动权，为消费者提供精准的产品和服务。

第二章

主流平台的特征

第一节　抖音

抖音是一款音乐创意短视频社交软件，是专注 15 秒音乐短视频的社区平台。用户通过软件选择歌曲，拍摄音乐短视频，形成自己的作品并发布。

一、用户群体

抖音的用户主要为我国一、二线城市的年轻用户（95 后、00 后），受教育程度主要集中在本科以上，用户群体消费能力较强。

二、产品特点

1. 表达方式草根化

抖音的用户根据意愿和期望目标自行创作剧本，拍摄短视频并上传，展示个性、表现才能、表达观点，以此获得他人的关注和认可。

2. 智能算法推送

抖音后台基于智能算法，根据用户的个人兴趣与喜好、地理位置等多方面信息进行个性化内容推送。因此，用户往往能“刷”到符合自己口味的视频作品。

3. 传播内容本土化

抖音的传播内容立足国内，有丰富的本土化创作主题。

三、优势与劣势

1. 优势

（1）基于庞大用户群体的大数据分析推荐技术。抖音后台根据用户喜好进行大数据分析，推荐最能够引起用户兴趣的内容。用户的抖音使用频率越高，大数据分析推荐内容就越精准。

（2）克隆文化潮流。在平台的推动下，抖音迅速形成了独特的克隆文化潮流。例如，《野狼 disco》在抖音上被争相模仿演唱，成为耳熟能详的洗脑神曲。

2. 劣势

（1）超低门槛。抖音平台的准入门槛低，用户发布的短视频数量巨大，给审核人员带来极大的挑战。在如此巨大的短视频数量基础上进行准确、完整的审核可能使抖音短视频发布失去即时性。

（2）较强可替代性。抖音平台的互动营销模式具有较强的可替代性，同类型的新 App（应用程序）如“腾讯微视”等正在慢慢削减抖音平台的流量。

第二节　快手

快手最初是一款制作、分享 GIF（图形交换格式）图片的手机应用软件，后转型为短视频社区，成为用户记录和分享生活的平台。

一、用户群体

快手的用户群体主要集中在三、四线城市及农村，年龄集中在 25 ~ 34 岁，普遍受教育程度较低。

二、产品特点

1. 视频时间短

快手视频时长一般在 15 秒左右。

2. 视频内容简单、轻松

快手的短视频多以简单、轻松的话题和内容为主。用户通过观看快手短视频得到放松的同时，也能得到视觉和情感上的冲击。

3. 视频内容引发情感共鸣

快手的很多短视频题材通过折射某一类社会现象引发用户的情感共鸣。

4. 创意单一

快手的“拍同款”功能满足大众对风格模仿和跟拍的需要，但是重复内容较多。

三、优势与劣势

1. 优势

快手平台的流量巨大，覆盖国内大部分三、四线城市。

2. 劣势

快手平台自身的广告审核机制过于严格。

第三节　火山小视频

火山小视频是一个 15 秒原创生活小视频社区，是通过小视频帮助用户迅速获取内容并进行自我展示的平台。

一、用户群体

近 25% 的新线城市（经济发展趋势良好向上、居民消费水平高速提升的城市）人群使用火山小视频。其中，25 ~ 40 岁为火山小视频用户的主要年龄段，这个年龄段的用户是火山小视频的深度用户，也是消费群体的中坚力量。

二、产品特点

1. 快速创作短视频

用户通过火山小视频可以做出 15 秒专属小视频，添加文字涂鸦特效，展示才艺、创意、兴趣爱好等，分享生活的有趣瞬间。

2. 极致视频特效

火山小视频的相关功能强大且容易操作，如美颜滤镜、背景音乐、快慢镜、鬼畜视频编辑等功能。

3. 精美高端画质

火山小视频的视频画面清晰度较高，实时传递，用户的感官体验较好。

三、优势与劣势

1. 优势

（1）基于移动社交，聚焦直播领域。火山小视频能识别地理位置，筛选用户，推送附近直播推荐，基于地理位置定位进行移动直播。

（2）短视频奖励制度提高用户活跃度。火山小视频采用火力值兑换现金、视频打赏和培训计划等形式，激励更多用户参与短视频互动。平台因此积累了更多的用户活跃流量，从而得到更多的利益。

（3）基于大数据实现“兴趣”推送。点赞、评论、分享等互动行为形成个性化用户数据，火山小视频基于大数据算法生成用户画像，推算用户兴趣，自动为用户精准推送其感兴趣的内容。

2. 劣势

火山小视频通过对内容形式进行限制，辅助用户产出好内容，有利于产品初期启动。但在运营后期，用户会因逐渐产生审美疲劳，对同质化的内容失去兴趣而流失。

第四节　西瓜视频

西瓜视频是基于人工智能算法为用户做短视频内容推荐的平台。

一、用户群体

西瓜视频的用户群体主要集中在一、二线城市，用户年龄主要分布在18～40岁。

二、产品特点

1. 视频时间长

西瓜视频平台的视频时长可长达几分钟，有足够时间讲述各种故事。

2. 横屏展现视频

西瓜视频平台以横屏方式来展现视频。

3. 短视频形式多样

在西瓜视频平台上，用户既能看短小精悍的15秒精彩短视频，又能看MCN（多频道网络）机构生产的精美短视频，这是市场中现有的其他视频App满足不了的。

4. 兼顾PGC和UGC

西瓜视频平台兼顾PGC（专业生产内容）和UGC（用户原创内容），双管齐下。PGC讲究专业稳定生产，UGC汇聚民间智慧。

三、优势与劣势

1. 优势

（1）内容优势

1）短视频优势：轻载、有趣味、高效，适合碎片化情景。

2）长视频优势：内容更加专业、丰富，传达信息更有体系、更具质感。

（2）线下互动活跃。西瓜视频组织的线下西瓜创作者大会、定期技能培训等使用户群体有归属感。同时，西瓜视频有一套培训体系，可以帮助用户群体快速在西瓜视频平台上成为专业生产者。

2. 劣势

（1）西瓜视频平台的视频内容口碑尚未形成，欠缺具备大众知名度的

KOL（关键意见领袖）作为标杆。

（2）西瓜视频平台的创作者对热点的敏感度不足，而算法推荐机制又仅能从现有的作品池中筛选内容进行推荐，因此，平台创作者无法大规模创作同类视频，形成传播浪潮。

第五节　小红书

小红书是生活方式分享社区，用户通过分享文字、图片、视频笔记，记录美好生活。小红书通过机器学习对海量信息和用户进行精准、高效匹配。

一、用户群体

小红书的用户群体主要为 85 后、90 后，其中，24～35 岁年龄段的用户占比最多（占近 60%），消费水平偏高。小红书的用户更关注网购、生活、资讯方面的信息。

二、产品特点

1. 流量大

小红书是全球最大的消费类口碑库及社区电子商务平台，覆盖全世界 200 多个国家和地区，日活跃度达 1.5 亿人次。

2. 信息获取时间短、精准度高

小红书平台的粉丝获取有效信息的时间短，转化路径短。例如，用户想解决减肥或护肤等方面的需求痛点，小红书平台上有很多解决方案，用户能很快搜索到相关信息。

3. 分享型购物平台

用户在小红书平台上最初分享的都是个人笔记，当拥有一定量的粉丝后，其可选择成为品牌合作人，与小红书平台上的品牌进行合作宣传推广。

4. 女性用户多

小红书平台用户以女性为主，占比达到90%左右，准一线城市女白领占比大。

三、优势与劣势

1. 优势

（1）小红书平台通过用户在社区里分享海外购物经验，结合美妆、个人护肤、运动、家居、旅行等话题来建立和巩固用户关系。

（2）小红书平台通过邀请明星、网红入驻，吸引庞大粉丝群体，提高影响力。

（3）小红书平台通过普通用户在平台上分享产品使用心得等，引起其他用户的共鸣、购买欲，从而直接促成平台商城的交易。

2. 劣势

（1）小红书平台的商品描述较简单，售前服务一般，评价系统由用户笔记代替，标准统一性较差。

（2）小红书平台需要加强对用户发表不良文章的监督与整改力度。

第六节 今日头条

今日头条是一款基于数据挖掘的推荐引擎产品。它为用户推荐有价值、个性化的信息，是国内移动互联网领域成长较快的新型服务产品之一。

一、用户群体

今日头条的用户群体以35岁以上的男性用户为主，群体中的70%分布在一线城市以外的区域。

二、产品特点

1. 用户数据分析

今日头条根据用户的社交行为、阅读行为、地理位置、职业、年龄等数据挖掘用户的兴趣点。

2. 自然语言处理和图像识别技术

今日头条对每条信息提取几十到几百个高维特征，并进行降维、相似、聚类等计算以去除重复信息，对信息进行机器分类、摘要抽取、主题分析、质量识别等处理。

3. 基于机器学习的推荐引擎

今日头条基于机器学习，根据用户特征、环境特征、文章特征三者的匹配程度进行推荐。

4. 实时海量数据处理架构

今日头条能实时推荐，0.1 秒内计算推荐结果，3 秒完成文章提取、挖掘、消重、分类，5 秒计算出新用户兴趣分配，10 秒内更新用户模型。

5. 精准定位人群进行传播

今日头条能根据用户所在城市，自动识别本地新闻，精准推荐给本区域用户。

三、优势与劣势

1. 优势

（1）筛选信息为主。今日头条定位清晰，即做内容信息的搬运工。

（2）注重用户体验。今日头条注重用户个性化需求和体验，专注推送用户关心的内容。

（3）推荐引擎优势。今日头条采用推荐引擎的方式，更加贴近并满足用户获取个性化信息的需求。

（4）营销优势。今日头条的广告以单条信息的方式精准出现在用户刷新的信息流中。

2. 劣势

（1）市场竞争激烈。今日头条的模式容易被复制，同质化产品变多将会带来激烈的市场竞争。

（2）开发与推广成本高。今日头条开发与推广成本很高，且盈利模式比较单一。

（3）内容同质化程度高。今日头条与众多门户网站合作，门户网站多采用通稿，导致内容同质化程度严重。

（4）版权问题。今日头条声称只是提供新闻资讯的平台，实际上其信息搬运行为还是抢走了传统媒体的大量用户，其中涉及新闻作品的版权问题。

第三章

自媒体平台的变现模式

第一节 自媒体平台主流变现模式

直播平台属于自媒体平台的一种，了解自媒体平台的主流变现模式，对研究直播行业的盈利模式具有参考意义。

一、微信公众号变现方式

1. 广告变现

在微信公众号上，有广告投放需要、寻找投放资源的商家称为广告主；接收广告主的物料并为之投放广告，从而获得广告收益的称为流量主。广告变现是微信公众号最常见的盈利方式，广告费一般按照广告点击次数计算。

（1）互选广告。互选广告是广告主和流量主通过微信的广告平台双向互选、自由达成广告合作的一种广告投放模式。流量主公示报价并承诺相应要完成的曝光量，由广告主衡量是否投放。广告创意一般呈现在公众号文章的末尾，并作为文章内容的一部分长期保留。

（2）文中广告。文中广告的具体位置由流量主在编辑文章内容时设置，相较于底部广告，其不仅在位置上有更大的调整范围，而且在呈现形式上更丰富。

（3）硬性广告。知名的电商品牌如每日优鲜、沱沱工社等的公众号基本上都以发布硬性广告为主。

（4）软性广告。对于微信公众号来说，大部分广告都是软性广告，且以软文广告为主，即用软文的形式包装广告内容，其精妙之处在于把产品卖点和文章内容结合在一起，在讲故事时顺利过渡到产品宣传上。软文广告对文章质量的要求非常高，要做到既不伤害用户情感、保持用户黏性，又能产生较好的推广效果。

2. 付费课程

目前，付费课程平台有很多，如荔枝微课、知乎、喜马拉雅等，这些平台一般采用微课模式、专栏收费模式实现课程变现。微信公众号的课程变现方式主要是通过平台打造 IP（知识产权），以线下授课或社群授课的方式实现变现，这非常适合专业度比较高的微信公众号。

3. 粉丝赞赏

微信公众号文章可以通过获得粉丝赞赏的方式实现变现。简书作品、微博头条文章、知乎专栏文章等也有这种打赏方式。

4. 付费社群

对于微信公众号来说，付费社群就是需要付费才能进入的微信群。微信公众号号主可通过付费社群形式来筛选优质用户，使其成为会员，并重点服务这些优质用户。

5. IP 变现

IP 变现是内容的高端变现方式。号主通过运营微信公众号可孵化出个人 IP，走 IP 拓展路线，包括但不限于出版、专业咨询等形式。

6. 内容电商

内容电商通过让用户群体在浏览帖子、关注公众号文章、观看视频的过程中产生购买行为来实现变现。

7. 服务电商

服务电商售卖的是服务，多以服务号形式出现，其公众号承载了很多类似 App 的功能，如滴滴出行、小猪短租等。

二、企鹅号变现方式

企鹅号是腾讯旗下的一站式内容创作运营平台，也是腾讯“大内容”生态的重要入口。

1. 分成收益

符合要求的企鹅号可以申请开通分成收益功能。

2. 精品招商

企鹅号的内容创作者开通商业内容权限后，可获得向广告主主动招商的功能，促成自身精品内容的商业合作，即精品招商。内容创作者可通过此模块创建招商计划，通过审核后，招商计划将展示给广告主，从而获得商机。

三、今日头条变现方式

1. 付费专栏

今日头条的优质创作者可开通个人付费专栏，图文、视频、音频内容均能实现变现。

2. 头条小店

头条小店是今日头条为优质创作者提供的电商变现工具，能拓宽创作者的内容变现渠道。

3. 商品卡

今日头条的优质创作者可自主申请开通商品卡功能，这样便可在创作内容中插入商品卡，若读者产生实际购买并确认收货，创作者便可赚取佣金。

4. 头条直播

今日头条的优质创作者在开通直播功能后，可解锁粉丝打赏、引流到个人头条小店等高级功能，丰富变现方式。

5. 头条“圈子”

今日头条的优质创作者可通过“圈子”功能创建粉丝免费或付费加入的社群，通过对社群进行精细化运营来获取更多的变现可能。

6. 赞赏功能

赞赏功能是今日头条帮助优质创作者提高收入的工具之一，创作者可通过该功能获得读者的认同与打赏。

7. 即合平台

今日头条的即合平台是连接广告主和优质创作者的通道。广告主发布订单后，创作者可根据自身能力接单，增加变现渠道。

8. 自营广告位

今日头条支持优质创作者自主经营广告位，进行商品展示、品牌推广等，从而拓宽变现渠道。

9. 广告分成

广告分成是指创作者将广告位委托给今日头条平台代为运营，由平台对用户和广告内容进行智能匹配，实现精准推广，创作者按一定比例从中获得广告收益的一种变现方式。

10. 插入外链

今日头条文章末尾的扩展链接向全体创作者开放。文内插外链的特权已开放给优质创作者，优质创作者可在文内合适的位置插入转化外链，实现快速变现。

11. 青云计划

青云计划是今日头条为鼓励优质图文创作推出的激励计划，专注于内容本身。青云计划致力于让每一篇优质图文创作、每一个优质账号都能获得奖励。这也是今日头条创作者可以实现内容变现的方式之一。

四、搜狐号变现方式

搜狐号是搜狐在门户改革背景下全新打造的分类内容的入驻、发布和分发全平台，是集中搜狐网、手机搜狐网和搜狐新闻客户端三方面资源大力推广媒体和自媒体优质内容的平台。

1. 广告分成

广告分成是指搜狐号与创作者共享平台自有广告收益，是一种现金扶持计划。搜狐号会基于文章流量、质量等因素，与创作者分享投放于其文章内页的广告所产生的收入。

2. 移动推广

移动推广是搜狐号为创作者提供的移动端自主广告经营方式。通过该功能，创作者可以在自己的文章移动端页面上进行商业广告推广。

3. PC 推广

PC 推广是搜狐号为创作者提供的 PC（个人计算机）端自主广告经营方式。

4. 商品卡

商品卡是搜狐号为创作者提供的营销增值服务。通过该功能，搜狐号创作者可以在文章中插入定制商品卡进行营销推广。

五、百家号变现方式

百家号是百度专为内容创作者打造的，集内容创作、发布和变现于一体的互联网平台。

1. 图文商品功能

图文商品功能是百家号为创作者提供的商品推广功能，创作者可在文章中插入第三方平台（如淘宝、天猫、京东等）的商品，一旦用户产生实际购买并确认收货，创作者就可获得相应的佣金。

2. 视频商品功能

视频商品功能是百家号为创作者提供的商品推广功能，创作者可在视频中插入第三方平台（支持淘宝、天猫、京东）的商品，商品在视频底端会以卡片浮层的形式展现，一旦用户产生实际购买，创作者就可根据订单总金额和既定的佣金比例获得相应的佣金。

3. 广告收益

百家号新手账号转正后，平台便自动为其开通广告收益功能。

4. 自荐功能

百家号创作者可通过自荐文章获得广告收益。百家号中自荐成功的文章正常广告收益不足时，平台将通过补贴的形式补足收益。

5. 粉丝变现

粉丝量大于等于 1 000 且获得 V 认证的原创作者可享有粉丝变现权益。

6. 金芒计划

金芒计划是百家号为优质创作者提供的签约扶持计划，其全年投入 20 亿流量、3 亿元补贴扶持品质化原创内容。

六、抖音变现方式

1. 账号变现

抖音平台的账号价值评判标准是粉丝量和粉丝属性。粉丝量是关键性指标，粉丝属性一般分为泛娱乐的粉丝、垂直类目账号粉丝、精准粉丝。相对于普通的泛娱乐的粉丝而言，精准粉丝的价值更高。价值高的抖音账号本身即可变现，买家通过购买拥有一定粉丝量的抖音账号可快速获得流量基础。

2. 广告变现

针对抖音垂直领域的深耕用户，可以给出清晰的粉丝画像，十分适宜构建场景需求，尤其是在美食、搞笑、旅行、才艺等方面。广告主可提供广告内容，主播在短视频内容中植入软性广告、硬性广告，实现广告变现。广告变现是抖音官方最认可和支持的一种变现方式，抖音官方还为广告主和主播提供了广告任务“撮合”渠道——星图。

3. 销售变现

（1）商品橱窗。主播可通过引导用户到抖音商品橱窗购买视频同款产品来变现，还能够在发布视频的时候发送购买链接，使粉丝在看视频时就能够直接跳转到相关商铺进行购买。

（2）微信引流变现。抖音现在已经成为微商重要的引流途径。特定人群中意的产品出现在抖音页面上时，必然会对这部分人群形成消费刺激，从而促成一定的交易。

4. 线下引流变现

线下引流变现具有地域局限性。例如，很多消费者进入海底捞餐厅用餐时会直接提出需要抖音同款蘸料；土耳其冰激凌让很多游客涌进厦门，仅是为了认识一下抖音上搞笑的冰激凌店主。

5. 直播变现

在抖音直播间给主播刷礼物既是粉丝的普遍性行为，也是抖音常用的变现方式。抖音直播有一定的提现比例，主播可以直接通过“我的”选项进入“钱包”，将粉丝的礼物兑换成相应数额的人民币。

第二节　自媒体平台变现模式解析

一、变现前提——优质内容与专业化生产

优质内容与专业化生产是实现自媒体平台内容变现的首要因素。

无论自媒体平台采用何种变现模式，内容都是关系其盈利的实质和核心。不断创造和生产高质量的内容，吸引新用户和新粉丝，是自媒体平台获得生存和盈利的现实基础。

自媒体平台需要掌握特定的用户资源，构建自己独特的风格，同时，要用专业化生产来吸引粉丝、满足粉丝需求，形成稳定的价值和服务，并将其提供给用户，实现内容变现。

二、变现基础——垂直细分与市场定位

在用户个性化需求日益强烈和内容要求越来越高的自媒体时代，自媒体平台要做好垂直细分和市场定位。

垂直细分是指自媒体平台要了解不同用户的兴趣，掌握不同用户对不同内容的需求。市场定位是指自媒体平台要根据自身的特点，确定自己的目标市场，建立满足粉丝需求的平台架构，形成核心竞争力。

三、变现关键——构建用户社区

自媒体平台应与用户建立一种温暖的、可感知的情感信任关系，并与用户保持良好的沟通和互动，最终构建用户社区，通过用户社区建立以自身为中心的强大网络，进一步挖掘用户资源。

用户社区可增强用户的体验感，提高用户的满意度，从而利于最终变现。

第四章

直播行业发展现状与趋势

第一节　直播行业发展现状

一、中国直播行业简介

直播本质上是一种媒介，是信息传播工具。作为工具，直播能与多种业态相融合，产生新的生产力。

中国直播行业始于2005年，经过十多年的快速发展，已经成为中国互联网经济中不可小觑的力量。当前，直播行业已经由PC端转向移动端，直播内容也由秀场直播向电商、体育、教育、社交等多领域直播渗透。

1. 直播1.0阶段（2005—2011年）

“9158”作为秀场直播的开拓者，是由视频网站演变而来的，类似的平台还有六间房、呱呱直播、YY直播等。这个阶段的直播以PC端为主，可以分为聊天室模式和演唱会模式。此阶段的直播内容相对单一，以秀场直播为主。

2. 直播 2.0 阶段（2012—2014 年）

随着手机游戏产业进入爆发期，国内开始出现游戏直播平台，典型的平台有虎牙直播、斗鱼直播等。这个阶段的直播仍以 PC 端为主，除秀场直播外，游戏直播开始陆续登上中国直播行业的舞台。此阶段的直播内容逐渐呈现垂直化趋势。

3. 直播 3.0 阶段（2015—2016 年）

随着资本涌入及智能移动通信设备的广泛应用，互联网上正式掀起了全民直播浪潮。这个阶段的直播由 PC 端转向移动端。在直播内容方面，娱乐直播获得较快发展，“直播 +”内容多元化趋势明显。

4. 直播 4.0 阶段（2017 年至今）

政府对直播行业进行规范性整顿，行业流量、主播和资本开始向主流平台聚集，直播战场大量转向移动端。“直播 +”内容多元化涌现，逐步渗透到电商、体育、财经、教育、社交、音乐等各个领域。

二、现阶段直播行业态势

在现阶段，我国直播行业主要分为泛娱乐直播和“直播 +”两个板块，其结构如图 4-1 所示。其中，泛娱乐直播（主要包括娱乐直播和游戏直播）和电商直播（直播 + 电商）是目前我国直播市场的主力。

图 4-1 现阶段我国直播行业结构

1. 泛娱乐直播与电商直播的营收对比

（1）泛娱乐直播。以游戏和才艺表演为主的泛娱乐直播平台的核心营收来源于直播打赏。打赏行为是用户认可主播后的单向消费，是否打赏取决于直播内容质量高低。泛娱乐直播平台的收入结构显示，用户打赏占营收来源的 95% 以上，广告及其他收入占营收来源的 4% 左右。

（2）电商直播。以商品交易为主的电商直播的核心营收来源于佣金分成。主播依靠人设和内容吸引流量，并借助流量优势获得低价商品，激发用户的购买欲，形成双向互惠关系。

2. 泛娱乐直播与电商直播的政策环境对比

直播行业在快速发展过程中出现了部分直播平台内容不规范等问题。为推动和促进行业有序和可持续发展，政府相继出台一系列政策，对直播内容、主播、直播平台等进行监管，同时对电商直播板块进行大力扶持。

（1）泛娱乐直播。国家相关部门对泛娱乐直播市场的监管日趋严格，针对相关问题发布了规范性文件，如：原中华人民共和国文化部发布的《关于加强网络表演管理工作的通知》，原国家新闻出版广电总局发布的《关于加强网络视听节目直播服务管理有关问题的通知》，中华人民共和国国家互联网信息办公室发布的《互联网直播服务管理规定》。

（2）电商直播。中央和地方政府对电商直播行业进行了大力扶持，目前已经形成良好的行业发展环境。

最近一两年，各地、各级政府为破解农产品滞销等相关问题，提振消费信心，释放消费活力，纷纷利用各类平台进行市长、县长直播带货。参与直播的官员级别不断提高，地域范围不断扩大，直播销售的特色产品种类及数量等均呈现爆发增长趋势。

第二节　直播行业发展趋势

一、技术发展持续推动直播行业发展

直播通过视频形式输出内容，并存在大量互动，视频播放的流畅性和互动氛围的渲染对用户体验有着重要的影响。5G（第五代移动通信技术）等新兴技术与直播技术的融合将使直播成本降低，直播流畅性提高，直播画面质感提升，并且将推动直播与更多商业业态相结合，使“直播 +”获得飞跃式发展。

二、直播市场规模持续扩张

在线直播具有即时互动性和沉浸性等特点，使“直播 +”拥有巨大的发展潜力。通过“直播 +”赋能，未来在线直播与其他行业的结合将继续加深。

各类型平台也在细化市场定位，深耕垂直领域，加强线上、线下联动，打造品牌 IP，挖掘用户价值，形成各自的商业逻辑闭环。

三、直播行业向主流平台靠拢

随着行业监管加强，在线直播行业发展已开始回归理性，不良内容受到监管打击，中小平台纷纷退场，未来在线直播行业发展将更加规范，资本对直播行业的关注会集中于主流平台，在线直播行业竞争也将集中于主流平台之间。

四、多元化发展带动直播行业发展

新消费背景下，用户娱乐消费潜力具有释放空间，直播平台需探索新的商业模式、盈利模式以形成更多元化的发展，如加强主播 IP 商业化挖掘、探索电商直播新模式等。

与此同时，短视频内容更加碎片化，用户黏性更强；直播内容价值更高，用户付费意愿更强。两者内容互相渗透，将获得进一步发展。

五、逐步进军海外市场

随着直播行业的发展，国内泛娱乐直播市场将趋于饱和，海外市场或将成为下一阶段泛娱乐直播发展的主要方向。除国内主流直播平台外，部分娱乐、科技企业将跨界发力，开拓海外直播市场。

第五章

直播员的产生与发展

第一节　直播员的产生背景

直播员是时代和行业发展的产物，这个职业的诞生与以下因素密不可分。

一、网络技术驱动

随着视频拍摄和编辑技术门槛的降低、智能手机的普及、软件应用程序的快速更新迭代、5G 和 Wi-Fi（一种短距离高速无线数据传输技术）高速网络介入技术的不断发展，以及各类直播配套设备的不断完善等，直播变得简便易学，且成本较低，逐渐成为大众的娱乐行为。

二、满足大众需求

大众普遍存在围观心理，网络直播真人秀将主播全方位展示给用户，满足了用户的好奇心。同时，观看直播也是大众日常消遣的一种方式。

直播现场营造出的氛围可以对大众产生足够的刺激，同时，直播员能与用户进行在线交流，目标群体的即时互动需求能得到极大的满足。

三、商业驱动

随着互联网视觉语言成为主流，视频媒体已经成为与消费者沟通和互动的最有效媒体之一。视频可以更精准地传达品牌的内涵，引起更强烈的情感共鸣，且消费者对视频的记忆程度较高，因此将视频用于商业宣传具有得天独厚的优势。

巨大商机催生了表演艺术直播、电子竞技直播、教育直播、明星直播等直播形式，也使网络直播成为目前最热门的虚拟产业。

四、满足个人表现欲

直播平台给普通大众提供了一个展示自我的舞台，可以帮助普通人实现明星梦想。

第二节 直播员的工作内容

随着直播行业的发展，娱乐直播与电商直播逐渐形成明显的作业差异。在这种影响之下，处于直播行业最前沿的直播员也形成两个发展方向，即娱乐主播（秀场主播）和电商带货主播（直播销售员），其工作内容主要包括以下方面。

一、才艺直播

才艺直播是网络直播的重要内容之一。演唱、舞蹈是最常见的才艺展示，也是大众喜欢的现场直播形式。一名直播员如果有唱歌、跳舞等方面的才艺，再拥有一定的颜值，往往就能吸引较多的粉丝。

二、生活直播

生活直播是指主播对自己的日常生活进行直播。生活直播内容范围很广，既可以直播逛商场、大街，也可以直播户外活动，甚至可以直播家庭聚餐等内容。只要是合法、合规的内容，都可以在直播间呈现给观众。

三、搞笑直播

主播的搞笑能力往往不是天生就具备的。不少网络主播在刚开始做直播时，会先从微博、微信等平台上摘取各种搞笑段子并默背下来，在直播过程中遇到合适的时机再进行讲述，这既能帮助活跃与粉丝互动的气氛，也能给自己带来更多的人气。

四、聊天直播

聊天型主播很大一部分工作内容是与粉丝寻找共同话题，与粉丝展开充分的沟通、交流和互动。在此过程中，很多主播会建立自己的人设，让粉丝产生更多的信任，进而收获礼物和打赏。

五、带货直播

直播销售员的工作内容有：①通过抖音、快手等直播平台引导粉丝关注直播间，提升在线人数；②向粉丝介绍产品并引导下单；③与粉丝进行互动，活跃气氛；④不断通过数据反馈调整、优化直播内容，提高粉丝参与度，增强粉丝黏性。

第三节　直播员的发展趋势

一、门槛提高，趋向专业化

随着直播市场及直播行业步入成熟期，直播平台的竞争将转向对优质主播、优质内容及传播渠道的争夺，直播行业将有一定的准入门槛，对直播员的专业素养将提出更高的要求。

二、内容为主，价值取胜

平台是舞台，直播员是主角，两者相依相生、相辅相成。创造优质内容、传播有价值的信息是直播员的发展方向。能否占据直播平台的黄金段位与创作内容是否优秀息息相关。随着平台要求的提升、政府监管的加强及市场争夺的白热化，直播员的总体数量将下降，总体素质将有较大的提高。

第六章

直播销售基础知识

第一节　直播销售员职业素养

职业素养是指个人完成职业活动所需要的，具有职业环境特点、工作目的性、养成性、延续性、稳定性、基础性的条件和属性的综合情况。直播销售行业具有自身的发展特点和时代性，其从业人员需要具有一定的职业素养。

一、职业素质

1. 忠于职守，坚持原则

忠于职守就是要忠于直播销售员特定的工作岗位，自觉履行各项职责。直播销售员要有强烈的事业心和责任感，坚持原则，注重社会主义精神文明建设，反对不良思想和作风。

2. 兢兢业业，吃苦耐劳

工作性质决定直播销售员要有一定的理论基础，还要有实干精神，能够脚踏实地、埋头苦干、任劳任怨。

3. 谦虚谨慎，办事公道

直播销售员要谦虚谨慎，办事公道，对粉丝要一视同仁，秉公办事，平等相待。

4. 遵纪守法，遵守道德

直播销售员要遵守职业纪律和与职业活动相关的法律、法规，遵守社会公德、商业道德等。

5. 恪守信用，严守机密

直播销售员要诚实守信，坚决维护商业信用和个人信用。直播销售员必须加强保密意识，严守机密，保证信息安全。

6. 实事求是，工作认真

直播销售员要坚持实事求是的工作作风，一切从实际出发，理论联系实际。无论是搜集信息、提供意见还是拟写文件，都必须端正思想，坚持实事求是的原则。

7. 刻苦学习，勇于创新

现代社会科学技术发展突飞猛进，知识更新速度加快。直播销售员应该具有广博的科学文化知识，以适应工作需要。同时，作为复合型人才，直播销售员还应具有强烈的创新意识和创新精神。

8. 钻研业务，爱岗敬业

直播销售员只有了解和熟悉与自身职业相关的领域中的最新成果，才能更好地掌握工作中的各项技能，在实践中不断地学习和提高。

二、专业素养

1. “网感”

“网感”是指对网络时下热点消息的敏感度，对当前趋势的一种判断力。直播销售员要对时事、热点问题具有敏感性，对网络语言、网络流行趋势具有相当的判断力和把控力。

2. 文案能力

文案能力是指撰写优秀文章的能力。直播销售员要具有扎实的写作功底，要有一套输出文章的精密逻辑，同时要能够自由切换语言风格来适应不同的营销环境和处理不同的营销素材。

3. 审美能力

直播销售员应具有把握细节美的能力。“注意力经济”时代，直播销售的文案排版、视频画面等就是吸引“注意力”的核心。赏心悦目的直播现场风格、有格调的背景图片、有美感的画面能带来良好的传播效果。

4. 创新能力

好的创意往往能深入人心，得到大众的认可，在网络上形成意想不到的影响力。直播销售员要大胆创新，不断产生奇思妙想，用新颖的内容与形式吸引大众的目光。

5. 学习能力

直播销售员一定要对身边事物充满好奇心，同时要充实自己的知识库，不断学习新知识、新技能，而灵感往往就来自对新事物的体验。

6. 分析能力

直播销售员应具有良好的数据分析能力。直播销售工作面临后台阅读、互动、分享、留言评论等大量数据运营工作，了解数据形成的原因并预测趋势是直播销售员的优秀素养之一。

第二节 直播销售相关法律知识

根据《互联网直播服务管理规定》，互联网直播是指“基于互联网，以视频、音频、图文等形式向公众持续发布实时信息的活动”。

直播销售是在互联网直播过程中，对商品或者服务进行介绍、展示、说明、推销，并与消费者沟通、互动，以达成交易的商业活动，和其他商业活动一样，要遵守相关法律。

一、法的概念

法是由国家制定或认可，并由国家强制力保证实施的人的行为规范体系。在社会生活中，任何人的行为都受到法律的规范和约束。

二、法律责任

法律责任是指行为人因违反了法定义务或合同义务，或不当行使法律权利、权力所产生的，由行为人承担的法律上的不利后果。

根据违法行为所违反的法律的性质，法律责任可分为民事责任、行政责任、刑事责任。

三、直播销售行为规范与法律责任

根据《互联网直播服务管理规定》，结合直播销售员及平台的经营模式，直播销售员的法律地位可以定位为电子商务经营者、广告经营者、广告代言人、广告主、互联网直播发布者等。

1.《中华人民共和国民法典》的相关规定

电子商务经营者应严格按照双方形成的合同关系提供产品或服务。

2.《中华人民共和国电子商务法》的相关规定

（1）登记。电子商务经营者从事经营活动应当依法办理市场主体登记，包括注册个体工商户、合伙企业或公司。

（2）禁止误导消费。电子商务经营者不得通过刷单促成交易量、虚构评价、虚假宣传等方式误导消费者。

（3）捆绑销售需明示。电子商务经营者捆绑销售商品（如套餐、礼盒等）的，应当以显著方式提请消费者注意。同时，不得在购买页面上将这种打包销售方式设置为默认同意的选项。

（4）押金需退还。涉及购物押金合同的，应当显著标识押金退还方式及程序，不能设立不合理条件。

3.《中华人民共和国广告法》的相关规定

（1）符合核心价值观。电子商务经营者一般作为广告主，委托广告经营者制作和发布广告。广告应符合社会主义精神文明建设，符合弘扬中华民族优秀传统文化的要求，符合核心价值观。

（2）符合用词、用语等内容规定。广告中禁止使用国旗、国歌、国徽、军旗、军歌、军徽；禁止使用“最佳”“国家级别”“最高级”等类似用词；禁止贬低国家，妨害社会稳定；禁止含有色情、低俗、暴力等内容；禁止含有民族、宗教、种族、性别歧视的内容；禁止危害他人人身、财产安全，禁止泄露个人隐私。例如，互联网直播发布者采用低俗、淫秽的用语，或具有性暗示的用语进行广告宣传，这是不符合法律规定的。

（3）禁止夸大。电子商务经营者不得发布处方药广告，医疗、药品、医疗器械广告不得夸大效果，不得说明治愈率或有效率，不得与其他公司同类药品进行比较，不得利用广告代言人作证明。

（4）禁止虚假宣传。不得发布虚假、令人误解的广告。电子商务经营者发布的广告中所对应的商品或服务应实际存在，商品或服务的一系列信息与实际信息不符的、使用虚构科研成果的、虚构商品或服务效果的、欺骗误导消费者的，均属于虚假广告。

4.《中华人民共和国消费者权益保护法》的相关规定

（1）用户为生活消费需要在电商平台上购买、使用商品或接受服务，其权益受本法保护。

（2）用户在购买、使用商品时合法权益遭受损害，可以向电子商务经营者主张赔偿。电子商务经营者赔偿后，属于生产者或其他销售者责任的，电子商务经营者可以追偿。

（3）用户在购买商品时遭遇虚假广告、虚假宣传的，可以向电子商务经营者主张赔偿。广告经营者、互联网直播发布者发布关系用户生命健康的广告，给用户造成损害的，需要承担连带责任。

（4）电子商务经营者提供的商品或服务与其所发布的广告不符，首先可能构成发布虚假广告，其次可能按照用户购买商品或接受服务的价款的三倍进行增加赔偿。

（5）电子商务经营者存在提供不符合质量要求的商品、以次充好的商品、明令禁止生产的商品，销售失效变质的商品，伪造商品或质量认证，销售应检疫而未检疫的商品，虚假宣传等情形的，严重的可能会被吊销营业执照。

四、相关刑事犯罪

1. 非法经营罪

有下列行为之一的，构成非法经营罪：

（1）未经许可，经营法律、行政法规规定的专营、专卖物品，或者其他限制买卖的物品。

（2）买卖进出口许可证、进出口原产地证明，以及其他法律、行政法规规定的经营许可证或批准文件。

（3）未经国家有关主管部门批准，非法经营证券、期货、保险业务，或者非法从事资金支付结算业务。

（4）从事其他严重扰乱市场秩序的非法经营行为。

2. 虚假广告罪

互联网直播发布者虽不属于严格意义上的广告发布者，但其面对不特定用户介绍商品并发布商品链接的行为本质上属于向观众介绍和推销商品的商业广告活动，具备广告发布者的特征，若有虚假宣传商品行为，情节严重的，构成虚假广告罪。

3. 销售假冒注册商标产品罪

电子商务经营者、互联网直播发布者在直播中售卖明知为“山寨货”等致使用户产生混淆的产品，可能构成销售假冒注册商标产品罪。

4. 生产销售伪劣产品罪

电子商务经营者、互联网直播发布者在直播中售卖明知为不符合质量标准的产品，可能构成生产销售伪劣产品罪。

下篇

实际操作

第七章

快速打造 KOL

第一节　KOL 简介

一、KOL 的定义

KOL（key opinion leader，关键意见领袖）原先是传播学中的概念，后也被应用在营销学上，是指拥有更多、更准确的产品信息，且为相关群体所接受或信任，并对该群体的购买行为有较大影响力的人。在直播销售中，直播销售员要将自身的特点和专长展示在用户面前，通过特定性语句或动作让用户群体产生深刻的印象、形成特定的联想，从而具备个人的持续影响力。

二、KOL 的标准

直播员要打造自身的 KOL 形象，就既要对从事的直播领域有极高的兴趣，并且在该领域有丰富的专业知识，又要对该领域有一定的独到见解。

第二节　打造 KOL 的方法

一、树立形象标签

形象标签可以使直播员更有识别度，在直播过程中与同行形成差异，从而更好地被用户记住。树立形象标签的核心是在短时间内通过形象、行为、语言、场景等设计形成用户记忆点。

1. 形象记忆点

直播员的形象要有独特的记忆点，给予粉丝视觉上的清晰识别度。例如，“毒角 SHOW”的视觉标签就是一个独角兽头套，其拍摄所有视频都戴着这个头套，非常特别。

很多优秀的 KOL 都是靠后天努力（如学习时尚穿搭、美妆等）来塑造自己形象的。直播员可以从服装、配饰、妆容等角度设计自身形象。KOL 的形象并非越光鲜亮丽越好，而是要根据相应的人设和直播内容设计合适的形象，在形象视觉上给用户留下深刻的印象。

2. 行为记忆点

“牛肉哥”的特点是开场就拍桌子，拍桌子就是其行为记忆点。

3. 语言记忆点

李佳琦的语言记忆点是“Oh my God”（意为“哦，我的上帝”），薇娅的语言记忆点是“你们都是薇娅的女人”。

4. 场景记忆点

“仙女酵母”的所有直播场景中都有电话，当这个场景持续反复输出时，就形成用户记忆点，甚至一提到电话，用户就联想到“仙女酵母”。

直播销售员在进行形象标签设计时，可以从上述四个角度去尝试，再不断进行优化。

二、选择特定领域

几乎所有直播领域都有竞争对手。理论上，若选择竞争对手相对较少的直播领域，则成功概率会大一些。例如，2019 年全国共有幼儿园 28.12 万所，然而入驻抖音平台的相关账号只有 173 个，带有蓝 V 认证的相关账号只有 37 个，那么在抖音平台中，幼儿园市场就是可以关注的特定领域，因为同类别竞争对手较少。

三、发挥个人优势

直播员应发挥自己可以持续输出且带有鲜明个人特色的优势，并设法坚持。

四、构建合适人设

自媒体环境中被网民记住的最好方式是建立鲜明的人设，这是直播销售成功的先决条件。一个优质、点击量高的直播账号，其主播人设一定是准确鲜明的。这种人设会通过持续输出而逐渐形成和加强，最终成为创作者独特的个人标签，成为直播内容重要的组成部分。

直播销售员的成功人设见表 7-1。

表 7-1　　直播销售员的成功人设

薇娅	李佳琦	辛有志 辛巴
邻家大姐姐的人设，带货直播的同时与粉丝聊家常，亲和力强，给用户很强的可信任感	“口红一哥”，对美妆产品的专业性让用户信服，主播时的傲娇性格深得年轻女性用户的喜爱	“农民的儿子”，通过不断努力实现人生逆袭，成为渴望成功的广大农村青年的偶像

构建合适人设一般要考虑职业、形象、性格、风格、内容价值、粉丝画像等因素。这些因素相互关联，缺一不可。形象的相关内容在“形象标签”部分已有论述，下面重点介绍除形象以外的其他因素。

1. 职业

职业是指直播员所从事的行业，是影响直播员选择直播类型的重要因素之一。术业有专攻，职业与直播内容的匹配度高，能使直播员更好地解决用户群体的需要，进而提出更专业的意见。

2. 性格

直播员的性格（无论是先天性格还是再塑性格）在直播中起到关键的作用。不同的直播内容所需要的直播员的性格有所不同，或俏皮而有活力，或温文尔雅，或稳重自持。

3. 风格

要在竞争中脱颖而出，必须有自己的风格。这种风格不仅体现在直播员的个性特征上，还表现在直播内容上，即内容表达方式要与众不同，既不缺乏专业知识，又风格迥异。

4. 内容价值

提供有价值的内容是直播的核心。在有限的直播时间内，直播员要输出用户感兴趣的内容，且内容要精炼，含有一定的信息量，以持续吸引用户关注。

5. 粉丝画像

粉丝画像是指根据粉丝的属性、习惯、偏好、行为等信息抽象出标签，利用这些标签描绘出具体化的粉丝形象。通过粉丝画像，直播员可以更好地认识、了解粉丝，从而为粉丝提供更精准的服务、更好的体验。

五、秉持匠心精神

直播员要想成为KOL，一定要注重内在质量，用心深耕所专注的领域，秉持匠心精神，这样才能在同类竞争中有差异化表现，最终脱颖而出。

老中医王爷爷行医50余年，专治各种疑难杂症，医术了得，附近居民身体不舒服全都找他。有一年突发流感，他说了句“喝水泡橘子皮能预防流感”，结果周围绝大多数人的水杯里都泡着橘子皮。这就是一个典型的传统医疗健康圈的KOL的影响力，大家相信橘子皮泡水喝能预防流感是建立在王爷爷医术有口皆碑的基础上的。

自媒体运营过程中，直播员一定要专注深耕自己擅长的领域，并长期坚持，建立用户对自己的信任，塑造自己的影响力。这就要求直播员做事要脚踏实地：确定主题后，先查资料、学习、总结，潜心钻研，确认自己理解透彻后再进行实践。

六、懂得适时发声

语言叙述方式、价值观、关注点、性格等最终融合成直播员的“灵魂”，吸引与这个“灵魂”相近的用户群体。面对这个用户群体，直播员只有懂得适时发声，才能成为 KOL。

1. 抓住关键时刻

发声要抓住关键时刻，特别是在发生重大行业新闻、迎来行业形势转折点的时刻，直播员要发出自己的声音。

2. 基于思考发表观点

直播员发表观点不能过于随性，应基于一定的思考。在关键问题上，直播员要结合自己的工作领域，考虑身后庞大的粉丝群体，表达既不与粉丝价值观相悖、又有自己立场的观点。

只有抓住关键时刻并基于思考发表观点，直播员才能逐渐成为粉丝心中的 KOL，建立并扩大自己的影响力。

第八章

直播销售方法

要做好直播销售，理解、掌握直播销售方法至关重要。

第一节　直播销售前期铺垫

一、平台匹配与直播开通

平台匹配是指寻找与自身人设相匹配的直播销售平台。下面针对主流直播销售平台进行分析论述，并介绍开通直播的方法。

1. 淘宝直播

（1）平台特点：展现交易场景，供应链、物流成熟，信用保障体系强。

（2）适合类型：品牌商家、带货主播。

（3）开通方式：直接下载“淘宝主播”App，注册账号，进入主界面，如

图 8–1 所示，进行相关身份认证即可。

图 8–1　申请开通淘宝直播

2. 京东直播

（1）平台特点：展现交易场景，物流速度快，售后服务完善。

（2）适合类型：品牌商家、带货主播。

（3）开通方式：打开浏览器，百度搜索“京东内容开放平台”，如图 8–2 所示，进入网站；选择需要注册的账号类型，如图 8–3 所示，点击进入，填写账号信息即可开通京东达人账号；对于个人账号，点击左侧列表“推广中心”中的“渠道申请”，右侧出现“京东直播”版块，直接申请开通即可，如图 8–4 所示（点击“查看详情”，可了解京东直播的所有相关知识）。

图 8-2　百度搜索“京东内容开放平台”

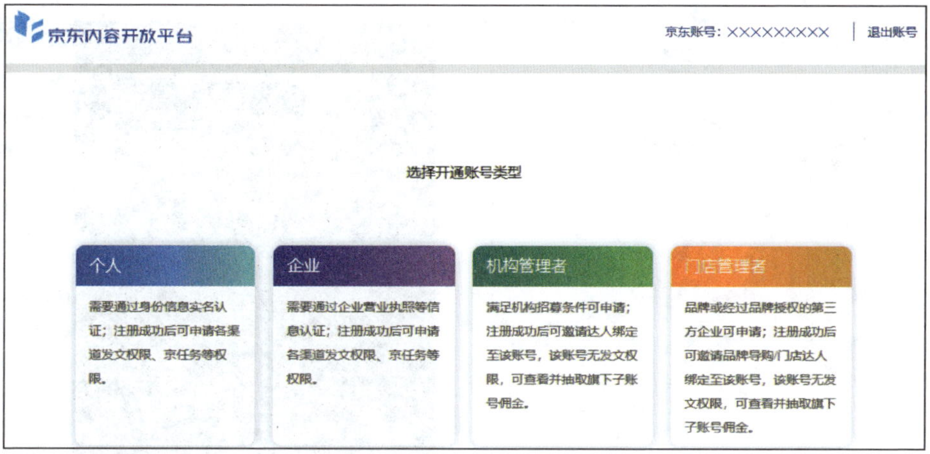

图 8-3　选择需要注册的账号类型

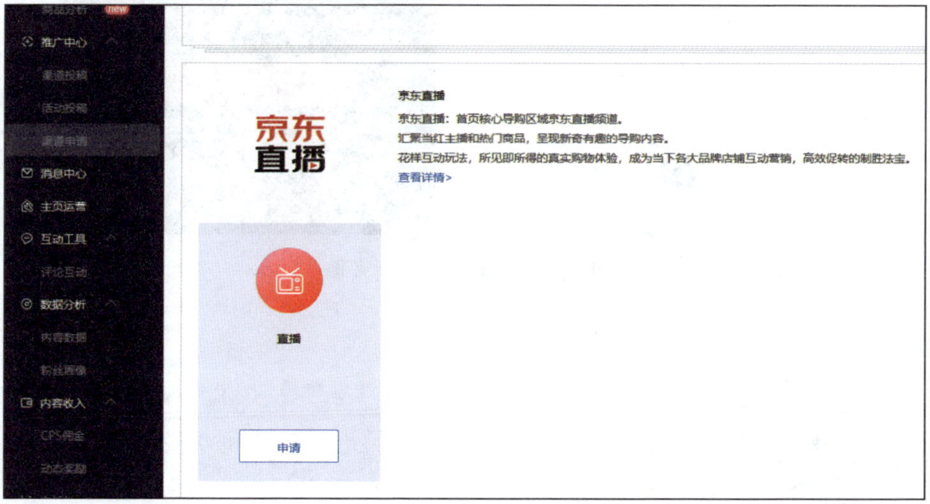

图 8-4　申请开通京东直播

3. 快手直播

（1）平台特点：用户下沉；粉丝关注性强；“老铁文化”，信任度高。

（2）适合类型：KOL、KOC（关键意见消费者）。

（3）开通方式：打开快手 App，点击“录制”图标，选择“开直播”，按照应用程序的设置完成相关信息上传和认证即可，如图 8–5 所示。

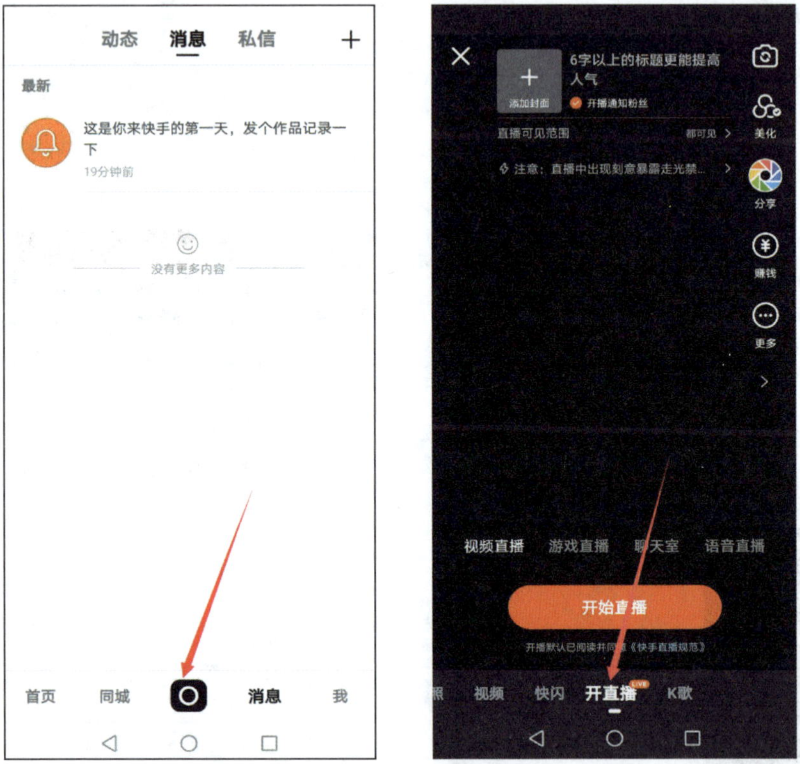

图 8–5　申请开通快手直播

4. 抖音直播

（1）平台特点：短视频“种草”吸引粉丝，直播间“拔草”；推荐流量高。

（2）适合类型：KOL。

（3）开通方式：打开抖音 App，点击界面下方的“+”号，右滑选择“开直播”，进行身份验证后即可，如图 8-6 所示。

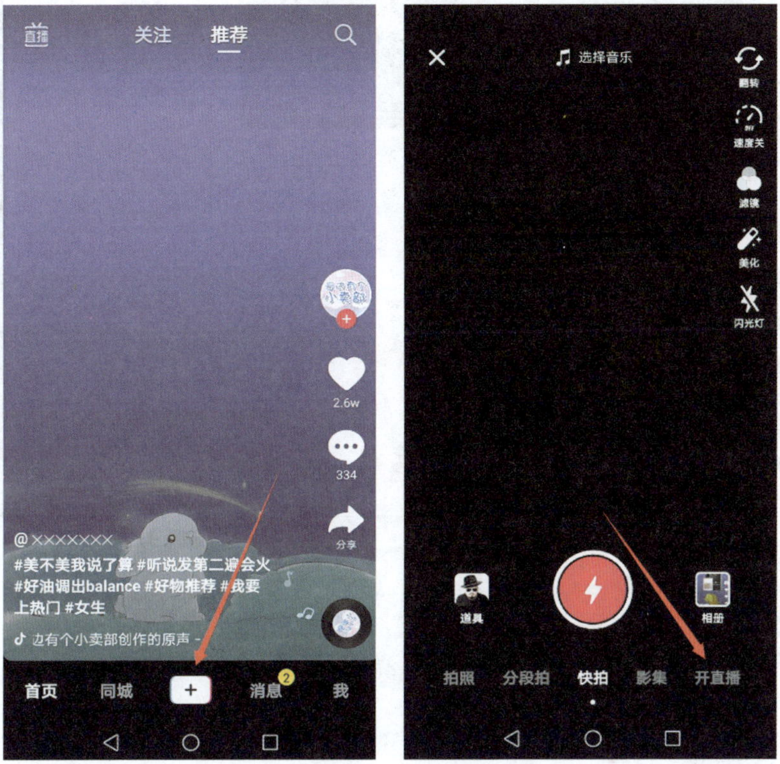

图 8-6　申请开通抖音直播

5. 小红书直播

（1）平台特点：笔记“种草”环节的转化率高，平台 DAU（日活跃用户数量）已过亿，女性用户占比高。

（2）适合类型：KOC。

（3）开通方式：打开小红书 App，先点击“我”，再点击左上角的“☰”

符号，选择“设置”—“功能申请”—“开通直播”，验证个人信息即可，如图 8–7 所示。

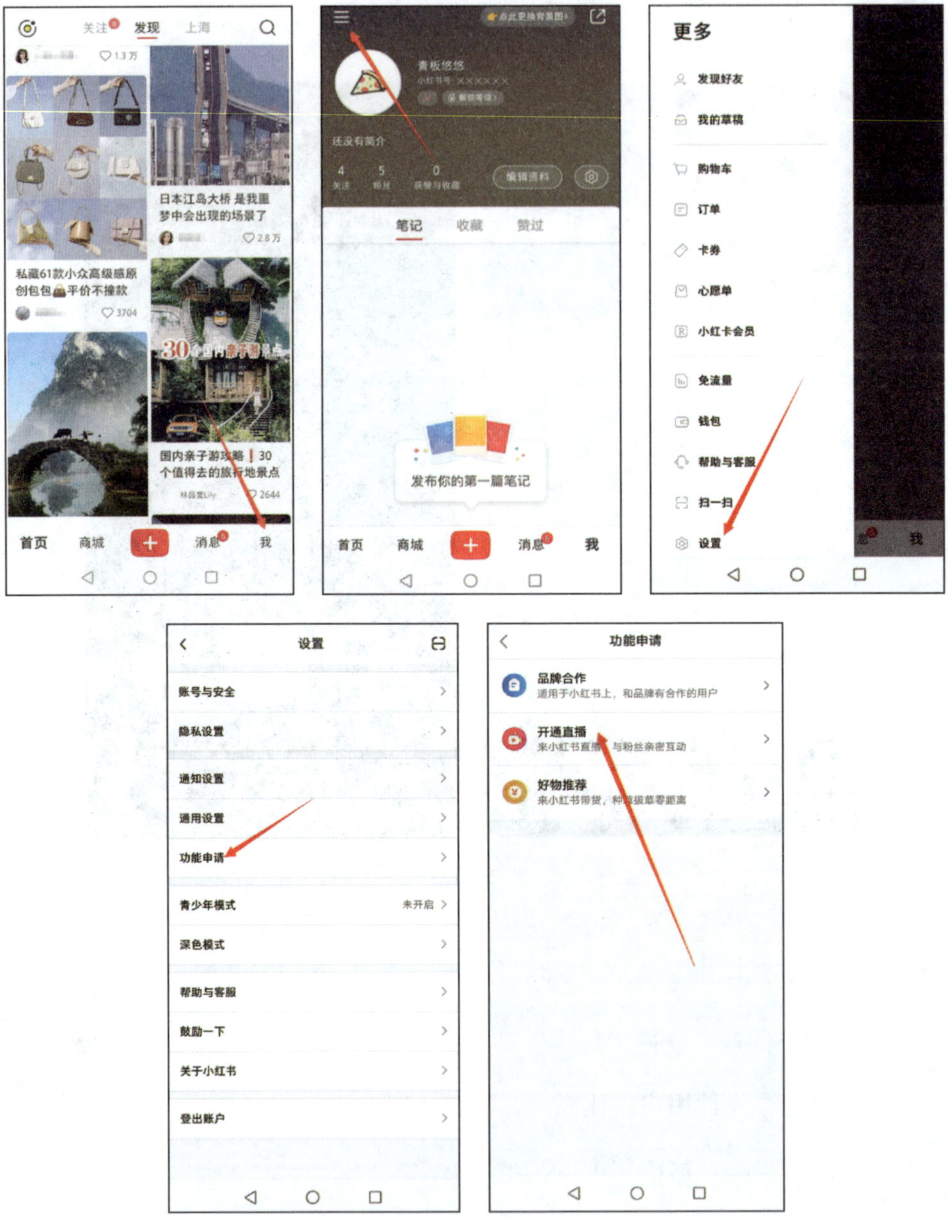

图 8–7　申请开通小红书直播

需要注意的是，以上平台直播开通方法采集于 2020 年 9 月，随着软件更新迭代，实际操作方法可能有所不同。

二、粉丝转化

将其他平台积累的粉丝转化到直播销售平台上，有助于直播销售工作的前期启动，如图 8-8 所示。

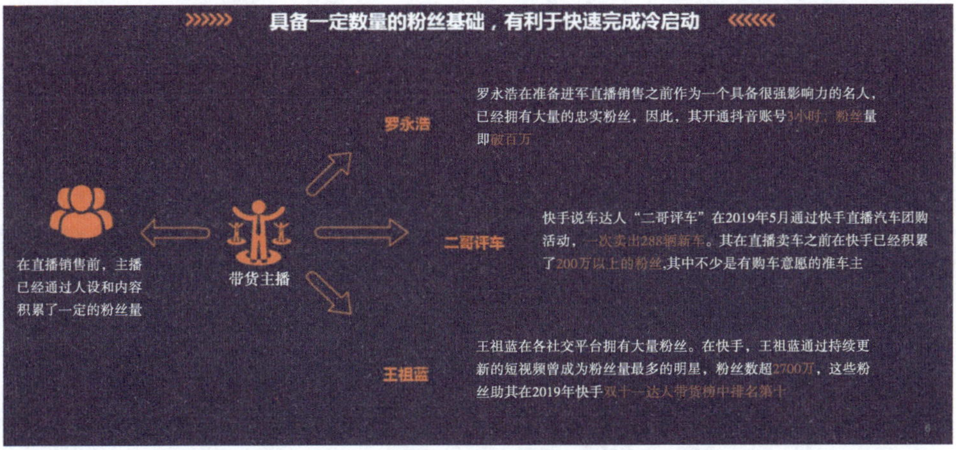

图 8-8　粉丝转化

三、构建强大团队支持

构建强大团队支持是直播销售做大、做强的必备条件之一。直播销售团队构建如图 8-9 所示。

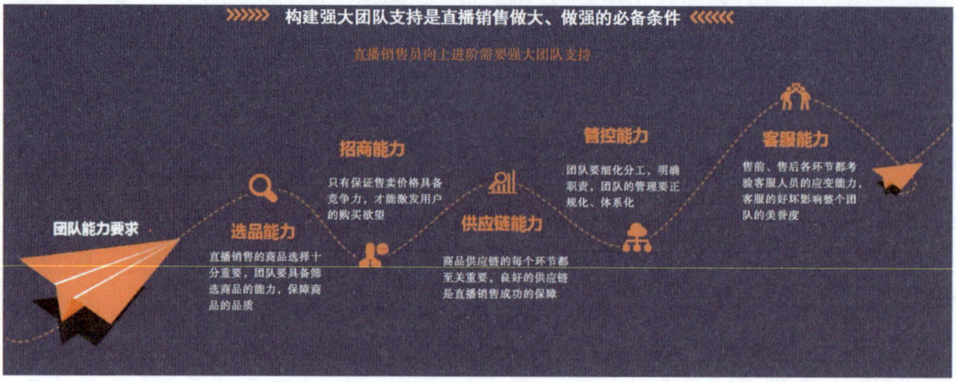

图 8-9　直播销售团队构建

第二节　直播间增流方法

直播销售员除了需要做好前文所述成为 KOL 的一切工作外，还需在直播间展示以下能力，为直播间增流。

一、展现专业

直播销售员的专业能力建设尤为重要。专业能力一方面来自自媒体营销理论的学习和实践，另一方面来自对直播销售商品的熟悉和日常知识的积累。

1. 商品讲解专业，产品卖点清晰

在直播销售前，直播销售员应对所销售商品有深入的了解，清楚商品的所有卖点，避免直播销售过程中出现“翻车”现象。

2. 口播能力强，洞察用户心理

在直播销售过程中，直播销售员应做到语言表达清晰，突出人设特征，

风格鲜明，并随时洞察粉丝心理，灵活机动。

3. 提前“种草”

直播销售员可通过提前宣传销售卖点，即“种草”，使粉丝更了解预售商品，刺激其购买欲望，使其在直播销售时能快速进入情境，从而提高直播销售成功率。

二、高频互动

在直播销售中，直播销售员与粉丝高频互动有助于保持粉丝黏性。在直播场景中，直播销售员与粉丝间互动十分便利，粉丝对商品有任何问题都可以得到及时解答，直播销售员也可以通过了解粉丝的想法指导后期的选品工作。

1. 互动形式

抽奖、随时解答粉丝问题、超低价商品限时抢购、商品亲身体验（试用或试吃）等都是直播销售中常见的互动形式。

2. 互动内容

直播销售员与粉丝进行互动时，可以拉家常、讲段子、聊八卦等，以贴近粉丝生活，吸引粉丝持续关注。

三、合作增流

1. 与 KOL 连麦以增加流量

连麦是直播销售的主要“玩”法之一，抖音、快手等平台都已开通了这项功能。

连麦通常是直播中的两个主播进行连线，主要分以下两种形式。

（1）连麦互动。主播之间通过直播间连麦互动造势，寻找共同话题，提升粉丝的新鲜感和黏性，增粉、增流。

（2）连麦 PK（对决）。主播之间通过直播间的粉丝刷礼物的金额数决胜负。PK 的方式更能刺激粉丝进行消费，提升主播的人气。

现在一些直播销售平台也可以实现主播与粉丝的连麦。

2. 邀请明星进直播间以增流

能邀请明星进入直播间的通常为有影响力的知名主播（如李佳琦、薇娅等），而明星进入直播间往往也有自身的宣传诉求（如宣传自己代言的品牌产品等）。明星的到来进一步增加了主播的粉丝量、提升了主播的影响力，主播也为明星代言的品牌产品进行了推广和销售，从而实现了双方共赢。对于主播来说，邀请明星进入直播间是其积累社交资本的重要一步。

四、多平台圈粉

为提升影响力，主播需要在更多的平台上“圈粉”，即通过登录不同平台与粉丝互动来获得更多的关注，进而扩大影响力，形成良性循环。主播在进直播间直播前，会在各个平台发布直播信息，通过这种方式为直播间带来一定的流量。

五、加入主播品牌矩阵

直播领域存在利用流量复利培养主播的现象，从而形成主播品牌矩阵，产生主播品牌连锁效应。主播品牌矩阵一般由超级主播、知名主播、潜力主播组成，如图 8–10 所示。

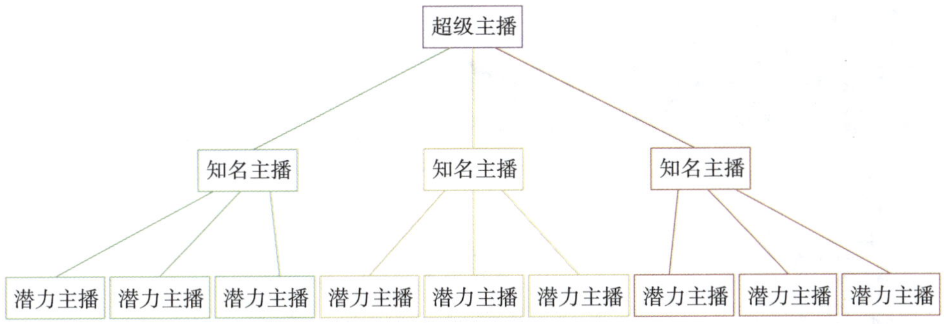

图 8–10　主播品牌矩阵

潜力主播一旦获得知名主播、超级主播的推荐，就能迅速涨粉。同时，知名主播、超级主播也需要壮大团队。超级主播有大量的粉丝和强大的影响力，通过培养“主播家族”，其聚集粉丝的效果将更加明显，是直播销售价值持续增长的保障。

第九章

平台营销规则

第一节　小红书营销规则

一、制作精美笔记

小红书中的笔记既可以是图文形式，也可以是视频形式。要做好直播工作，不仅要做好直播内容本身，平时用优质的笔记内容吸引粉丝、扩大直播受众群也是非常重要的。以图文笔记为例，精美的封面图片、吸引人的标题、热门的标签、排版美观的正文等，可以为一篇笔记带来更多的流量。小红书图文笔记示例如图 9–1 所示。

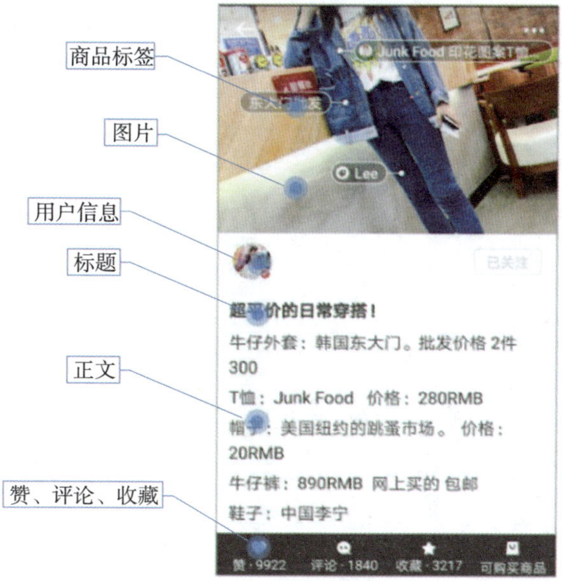

图 9-1 小红书图文笔记示例

二、消费模式

1. 引起注意

网红、达人用封面标题、优质内容等吸引消费者的注意。

2. 产生兴趣

网红、达人用真人展示的方式将产品与生活场景联系起来，引起消费者对产品的兴趣。

3. 互动与刺激购买

消费者与网红、达人围绕品牌和产品进行深入互动，进一步刺激消费者的购买欲望，影响消费决策。

4. 分享裂变

消费者体验后，分享购买和使用经历，产生 UGC，实现内容分享裂变。

三、推广形式

1. 笔记“种草”

笔记“种草”有明星 KOL 爆款推荐、网红联动霸屏、红人“种草”测评、笔记关键词优化排名等形式。

2. 开屏广告

开屏广告是在 App 启动时短暂展示的全屏化广告，分为独占形式和轮播形式。独占开屏广告按天计费，开屏静态图展示 3 秒；轮播开屏广告按时长计费，开屏画面静态展示 3 秒，动态展示 4 秒，视频展示 5 秒。两者皆支持跳转站内链接和站内推广页。

3. 信息流广告

信息流广告是位于内容流中的广告。小红书中的信息流广告在原生笔记站内推广页的相应位置植入，分为 CPD（按天计费）和 CPM（按千次曝光计费）两种计费方式，最多可提前 28 天预订。信息流广告如图 9-2 所示。

4. 创意话题

创意话题分为火焰话题和发布页话题。品牌可以将所发起的话题通过推广的方式呈现在热门搜索话题推荐和发布页话题推荐中，话题曝光后，用户可直接点击跳转到话题页面。火焰话题推荐和微博热搜的作用相似，而发布页话题推荐能够更大程度地曝光发起话题的品牌，起到引流效果。小红书火焰话题如图 9–3 所示。

图 9–2　信息流广告

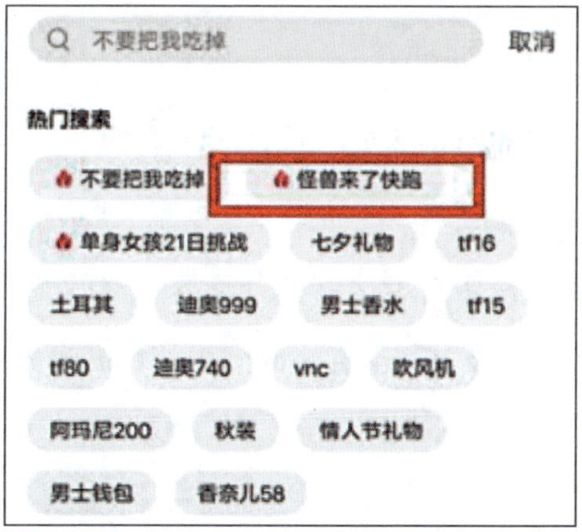

图 9–3　小红书火焰话题

5. 定制贴纸

定制贴纸功能可以为品牌定制独一无二的贴纸，增加品牌和产品的曝光度，每个贴纸可展示 7 天。小红书定制贴纸如图 9–4 所示。

图 9–4　小红书定制贴纸

四、定制营销策略

小红书针对各品牌的营销需要，设计了不同的、可定制的营销策略，商家可通过视频内容、干货清单、产品测评、场景关联、良心推荐、有奖互动、熟人口碑、穿搭分享、探店打卡、店铺分享等丰富的“种草”形式实现用户精准触达和互动，让品牌及其产品在短时间内获得高曝光率。

第二节　快手营销规则

一、话题活动

快手的话题活动能够集中流量，热度高的话题会进入话题榜进行排序，参与热门话题的作品、进入话题推荐的作品可以获得更多的流量。同时，快手官方也会对一些话题进行运营推广，参与当下推广中的话题活动可以让相关账号和作品获得更高的曝光度，并引发更多的互动。

二、同框视频

快手用户制作完视频后，在发布视频时可开通“允许别人跟我拍同框”功能，如图 9–5 所示，这样其他用户在看到这个视频时若想一起合拍，只要点击“一起拍同框”即可。同框视频具有趣味性，留给用户与他人互动的空间。

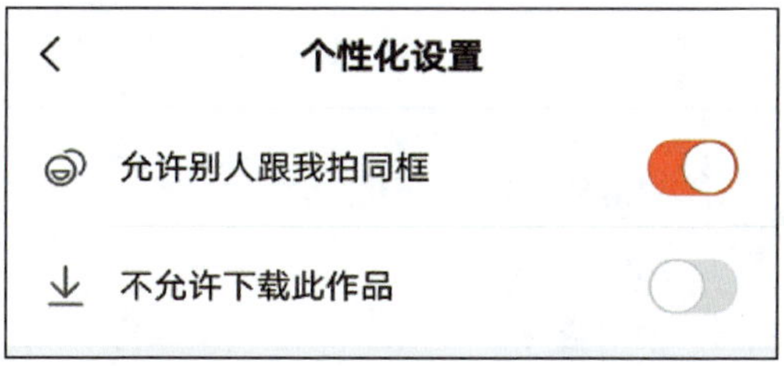

图 9–5　开通同框视频功能

第三节　抖音营销规则

一、广告

1. 开屏广告

（1）观感升级：震撼的视觉效果。

（2）优质曝光：在用户登录时形成第一视觉冲击，高度吸引注意力。

（3）流量优势：独占开屏广告平均溢出 50% 的曝光率。

（4）投放目的：开屏展示，落地页跳转购买方式。

（5）支持样式：静态 3 秒、动态 4 秒、视频 5 秒（全屏 / 插屏）。

（6）广告频控：每日每个用户可看到的开屏广告次数不限次。

（7）计费方式：分为 CPT（按时间段计费）和 CPM 两种计费方式。

（8）定向支持：开屏 CPT 不支持定向投放；地域平台定向投放按溢价加收费用。

2. 信息流广告

（1）单页广告：高认知度，高参与度。

（2）原生广告：高互动性，粉丝沉淀。

（3）竞价广告：多维度定向，竞价售卖。

（4）展现位置：推荐频道上滑第四位。

（5）广告频控：每个用户每日最多看 1 条广告，每条广告对每个用户只展示 1 次。

（6）素材要求：同一素材最多投放一天，不支持各种形式的同一素材重复投放。

（7）禁投行业：成人用品类、视频类产品、社区社交类产品、拍摄工具类产品。

3. 贴纸广告

（1）同一贴纸广告在首屏最多出现三日，在贴纸栏最多出现一周。

（2）首屏位置当日最多出现一个品牌贴纸广告，出现位置为首屏第一栏第四位。

（3）抖音贴纸广告产品属于非标准产品，不保证曝光量，不支持第三方监测。

二、达人合作

1. 产品介绍

达人合作是指抖音平台的达人为广告主提供制作并发布商业推广视频的广告服务。

2. 产品特点

（1）抖音达人可以为广告主提供符合抖音调性的定制视频。

（2）抖音达人利用其影响力和创意能力帮助广告主实现品牌营销传播，提高品牌的知名度和好感度。

（3）与抖音达人合作的视频可正常进入推荐流，在抖音站内实现原生传播。

三、抖音挑战赛

抖音挑战赛是通过话题引导，带动用户互动，从而助力品牌传播的一种营销方式。例如，“UFC终极格斗冠军赛”发起的全民踢瓶盖活动就是应用了抖音挑战赛的形式，抖音用户拍摄以自己为主角的花式开瓶盖挑战视频并发布，最终点赞数第一的用户可以获得比赛门票。

若要发起抖音挑战赛，创意是关键。每个挑战赛都应围绕品牌产品特点、用户操作习惯来设计。

抖音挑战赛是抖音独家开发的商业化产品，结合了平台几乎所有的商业化流量入口资源，能够帮助品牌及其产品在短时间内获得较大的曝光量并实现购买转化。

抖音挑战赛又分为官方挑战赛、品牌挑战赛等，其在互动技术、配套资源和影响范围方面有一定的差别。

第四节　微博营销规则

一、短视频营销

短视频是最受95后微博用户欢迎的营销传播形式。在社交媒体上，越来越多的用户开始参与到短视频生产、消费和互动之中，参与者中，95后群体最为积极。

二、发文营销

1. 图文形式

图文形式包括纯文字、纯图片、“图片 + 文字”三种形式，其内容热度通过收藏量、转发量、评论量、点赞量等方式衡量。

2. 视频形式

视频形式包括纯视频、“视频 + 文字”两种形式，其内容热度通过收藏量、转发量、评论量、点赞量等方式衡量。

3. 头条文章形式

在微博上，用户可以通过点击“头条文章”撰写长文，如图 9–6 所示。

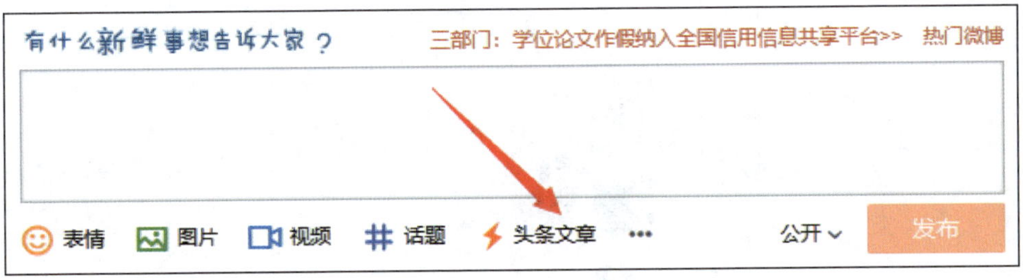

图 9–6 “头条文章”发布入口

4. 带话题形式

微博用户在发布微博时，可以通过点击“#”进入话题界面，参与话题活动，用带话题形式发布内容。话题界面如图 9–7 所示。

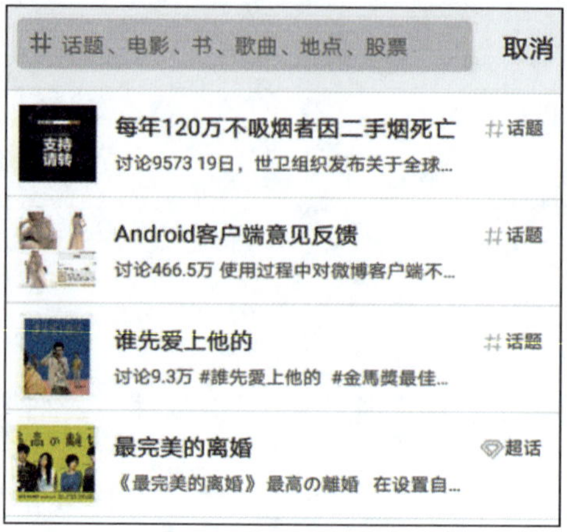

图 9-7 话题界面

5. 超级话题形式

超级话题简称超话，同一超话内的用户大多是某一领域的共同爱好者。超话界面如图 9-8 所示。微博用户可以在符合自己兴趣的微博超话内发布相关信息，与志同道合的网民互动。

图 9-8 超话界面

三、发布时间

在微博上，不同板块的内容在不同时间段的受关注度不同。进行微博营销时，可以参考以下信息决定营销内容发布时间。

- 8:00—10:00（工作时间），一般新闻资讯和社会热点推送较多，此类版块的受关注度相对也较高。
- 12:00—15:00（消闲时间），娱乐、情感、公益等板块的受关注度较高。
- 16:00—19:00（下班时间），餐饮、健身、交通、生活等板块受到特别关注。
- 20:00—23:00（休息时间），鸡汤等休闲类板块的受关注度较高。

四、推广方式

1. 内容定位及形式

（1）讲述喜怒哀乐的内容可以引起网友情感上的共鸣。

（2）有争议的内容可采取投票形式。

（3）值得收藏的内容一般要有实用价值。

（4）精选内容要多用网络热词；内容要有创意，写法要创新，简短而不简单，朗朗上口；配图要精彩；要用好直播、短视频等形式。

2. 推广类型

（1）KOL 账号可以用图文“种草”、干货分享、产品测评、场景类搭配、头条文章、同类转发推荐、视频等多种方式对产品进行推广。

（2）红人账号结合素人账号可以产品为中心定主题，进行多种类型的同主题发文传播来达到推广目的。

（3）建立品牌超话，以产品为中心针对粉丝发起一场活动，用微博转发抽奖、红包互动、微博搜索推广等方式推广产品。

（4）借助微博热点话题、榜单、相关类目下超话发文获得流量和传播。

（5）在微博现有热点、热门话题、热门榜单、热门超话下进行同类选择推广。

（6）与红人合作，在其微博下添加品牌方产品超链接和橱窗推荐，或定制对应的优惠等。

（7）进行购买和晒单发文，对平台其他用户进行传播式“种草”、电商“拔草”的营销推广。

（8）以活动抽奖、场景类话题等形式触发用户的转发、评论、关注、点赞等互动行为。

第十章

直播销售计划实施

直播是一种实时性、互动性显著的互联网传播形式。不同于传统的文字、图片、视频等传播形式，直播将用户与直播内容紧密联系在一起，用户本身也是直播内容生产的一分子。

如何进行一场完美的电商直播、如何做好直播销售计划是很多从事电商直播的人面临的现实问题。

下面以抖音平台的美妆电商直播为例，探讨如何实施完整的直播销售计划。

第一节　确定受众群体和主播风格

实施直播销售计划的第一步是根据平台属性确定用户画像，根据需求明确受众群体，针对受众群体确定主播风格。

巨量算数（一个数据分析平台）发布的2020年抖音用户画像报告（报告数据均采集于2020年1月）显示：抖音DAU超4亿，较去年同期增长60%；男性、女性用户较均衡，19～30岁年龄段用户占比较高；抖音女性用户对美妆、母婴、穿搭等内容的偏好度高。

根据以上用户画像，结合美妆直播的受众以女性为主的事实，以及消费能力方面的考量，在抖音上进行美妆电商直播应以80后、90后女性为主要传播对象。针对这个受众群体的兴趣偏好，主播风格应为年轻、时尚。

第二节　商品准备

确定受众群体和主播风格后，要开始选择商品，做好销售准备。

一、选定商品

直播选品应尽可能选择自营商品、厂家直供商品，以及流通少、“新奇特”的高毛利润商品。

直播销售的商品大致可分为引流款商品、爆款商品、利润款商品。

1. 引流款商品

引流款商品是指能为店铺和店铺商品带来流量的商品。引流款商品价格不能过高，与爆款商品相配合，将会有较好的引流效果。建议店铺准备4～5款引流款商品。

2. 爆款商品

爆款商品是指售卖非常火爆的商品，具体表现为高流量、高曝光量、高订单量。一般情况下，爆款商品的价格都不高。因此，爆款商品一般不是利润的主要来源。

对于拟作爆款的商品，在销售前期应尽量降低利润，甚至做好无盈利的准备，方便将其打造为爆款。建议店铺准备 1 ~ 2 款爆款商品。

3. 利润款商品

除引流款商品和爆款商品外，店铺其他商品都是利润款商品。利润款商品流量不多，但利润较高。

确定直播商品的种类、数量与比例（直播商品结构设置）是经营店铺的一个重要环节，是直播销售的基础。

二、直播前商品准备

根据选定商品，向品牌方申请品牌授权，要求做到一次性申请，即一次性将样品需求、商品卖点口播资料、库存锁定数量、品牌方客服准备等内容确定下来。

上述申请通过后，提前清点商品数量，直播前提前锁仓。

提前 14 天（最少 5 天）确定需要的样品及其数量，并申请样品。日常样品一般每月申请一次，独立邮寄，需复查核对。应尽可能避免出现临时需要样品的情况，防止发生未能及时发货的情况。

第三节 销售运营

目前抖音销售运营的方式主要有三种：商品橱窗、抖音小店和天店通小程序。

一、商品橱窗

商品橱窗是开通门槛最低的一种销售运营方式。只要开通抖音 App 创业中心的申请商品分享功能，并实名认证，即可添加来自第三方平台的商品信息。商品橱窗的缺点在于需要跳转第三方平台交易，并且带货佣金不高。

二、抖音小店

抖音小店是抖音官方电商入驻平台，开通门槛较高。商家必须有第三方店铺，各项指数要达到一定标准，同时要为企业主体，并需提供包括商标授权书、质量合格证等在内的各种资质文件。签署在线合同后，商家需缴纳一定数量的保证金，最后才能上架产品，进行销售。

三、天店通小程序

天店通小程序的申请门槛介于商品橱窗和抖音小店之间，个人和企业均可申请，相关功能需商家找到第三方小程序“天店通”进行开通。天店通小程序的优点在于没有平台佣金，并且流量入口更丰富，有“拍抖音”、收藏、最近使用等全民挂载和留存入口。

第四节　提炼商品卖点与直播活动设计

一、提炼商品卖点

商品卖点是指商品具备的与众不同的特色、特点。商品卖点既可以是商品自身带有的属性，也可以通过营销策划人的想象力、创造力产生。不论商品卖点从何而来，只要能落实到营销战略、战术中，使消费者接受、认同，就能达到畅销甚至建立品牌的目的。

提炼商品卖点需要从提炼商品的基本元素出发，综合情感诉求、功能诉求、原料诉求、历史诉求、工艺诉求、产地诉求、技术诉求、品牌诉求、色彩诉求、感觉诉求、欲望诉求等诸多消费诉求，进行横向和纵向比较，从而最终确定商品卖品。

商品卖点提炼步骤可参考图 10-1。

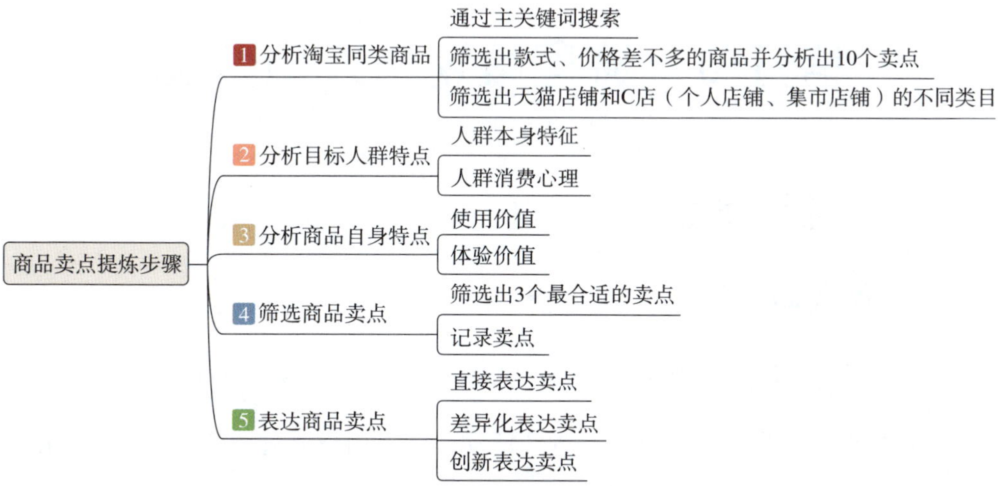

图 10-1　商品卖点提炼步骤

二、直播活动设计

1. 开场满送

开场满送是指直播在线人数达到一定数量时抽奖赠送相关礼品，中奖的消费者可后台联系助理免费领取。例如，开场在线人数满 1 万赠送 1 盒面膜，共 5 份。

2. 神秘黑盒

神秘黑盒类似于福袋，即随机放置超额产品来回馈粉丝。

3. 问答活动

问答活动一般围绕品牌及其商品信息，通过一问一答的方式来扩大品牌影响力，答对的粉丝有机会获得一份随机赠送的礼品。

4. 下播优惠券

下播（结束直播）后，粉丝可以领取优惠券购买商品。

第五节　流程策划与人员分配

一、流程策划

1. 预热推广

直播开始前要进行预热推广，增强用户的记忆，为正式直播引流。

预热推广的有效方法之一是预约活动，即让用户通过预热活动入口直接预约参与直播活动，提前发布直播预热视频和海报，通过多渠道发送预热浮窗。预热推广以短视频形式为主。

预热推广能提醒粉丝前来观看直播活动，预告设想好的直播活动形式，吸引粉丝的关注。预热推广时最好使用自家商铺账号，这样用户关注的流量可以把握在自己手中。

2. 现场控制

直播的不可逆性决定一定要有良好的现场控制。

时间控制是现场控制的重点。一旦时间没有控制好，后面的流程就都会被打乱。因此，主播一定要事先熟悉直播内容和直播产品。

直播过程中的人员分工也是关键。运营人员要实时跟进直播活动。直播开始后，要迅速将直播链接分发给各个渠道，并且保证粉丝通过各个渠道的链接都能正常进入直播间。

实时跟进直播活动的同时，要做好直播间维护工作，避免直播过程中出现突发问题。

3. 播后复盘

直播活动结束后，除了要及时跟进中奖者，确保用户体验，还要进行复盘，即内部讨论本次直播是否达到了预期效果、出现了什么问题、以后如何避免等。播后复盘是为下次直播活动积累经验。

二、人员分配

一场完美的直播销售需要主播、客服人员、运营人员等多方面协调配合。主播的相关工作前文已有介绍，下面简单介绍其他人员的工作分配。

1. 客服人员

客服人员要提供完整而连续的售前、售后服务。

（1）全程陪播。客服人员要全程陪播，进行活动规则提醒、抖音获奖名单记录、剩余时间、库存提醒等工作。

（2）后续服务。下播后，客服人员应继续服务 2 小时以上，进行产品卖点答复、相应优惠券发放、发货问题回复等工作。

2. 运营人员

运营人员也要全称陪播，保证店铺正常运营，负责后台数据（包括单品销售份数及金额、全场销售金额、进店人数、关注人数等）监测汇报，确保商品上架链接正确，进行价格核对和调整等。

电商直播人员的组织架构如图 10–2 所示。

电商直播人员的组织架构

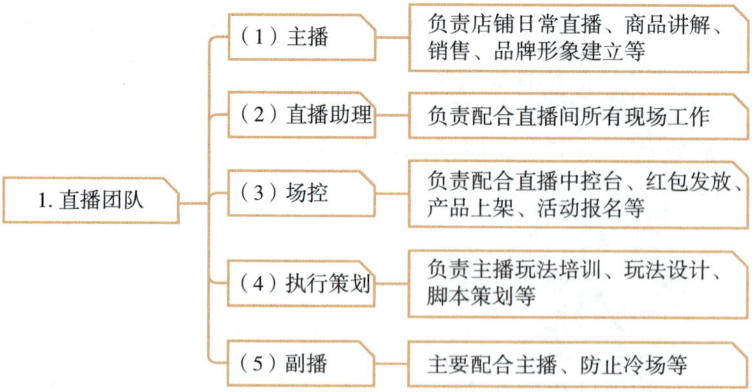

- 2. 合作主播
  - （1）个人主播
    - 负责现场直播等
  - （2）机构主播
    - 与个人主播的功能差不多，机构有更好的主播资源或者明星类主播
- 3. 客服团队
  - 负责直播间互动答录
  - 在直播间配合主播
  - 解决售后发货问题等
- 4. 运营团队
  - （1）数据运营
    - 负责直播数据检测、数据收集、数据分析、优化直播方案等
  - （2）店铺运营
    - 负责店铺相关运营工作等
  - （3）内容运营
    - 负责直播前后的内容宣传、造势、运营等
  - （4）直播运营
    - 负责直播业务的一切运营相关工作
- 5. 直播主管
  - 负责主播的日常管理、招聘、培训、心理辅导等
- 6. 机构
  - （1）直播业务机构
  - （2）直播经纪人
    - 主播的招聘、考核、管理、培训等
- 7. 招商部
  - （1）招商宣传
    - 负责商家合作、产品招商等
  - （2）样品管理
    - 负责商品更新、管理等
  - （3）供应链团队
    - 负责直播基地、直播工厂、直播商场、直播品牌的打造及运营等（一般比较成熟、规模较大的机构才会配备供应链团队）

图 10-2　电商直播人员的组织架构

第六节　线下准备

一、直播地点选择

直播地点选择在实体店铺或商品工厂较好，这样可以让消费者实时看到商品、看到商品生产过程，具有真实性，从而更能吸引消费者，消除消费者的疑虑，符合消费者心理。直播地点也可以选择在工作室、小直播间等。

二、直播场地布置

选择好直播地点后，要进行直播场地布置。直播间的灯光布置尤为重要。优质的灯光效果可以直接影响观众情绪，影响其在直播间停留的时间。一般可以用环境灯、侧光灯、前置灯等让直播间看起来更明亮，方便观众清晰捕捉主播的一举一动，清晰观看产品介绍。开播前，直播场地一定要确保干净、整洁。

三、直播设备调试

直播前必须进行设备调试，确保直播当天不出问题。设备包括声卡，音箱（室内用，调节气氛），收音设备，手机（主播、监播各一部，另有一部用于互动）等。

第十一章

撰写成交方案

第一节　设计成交流程

成交的前提是相信，相信的前提是培育，培育的前提是设计爆点，设计爆点的前提是设计接触点，设计接触点的前提是找到精准流量池。因此，设计成交流程一般分为以下步骤。

一、寻找精准流量池

能否寻找到精准流量池对能否完成整个成交行为的影响率达到 80% 以上。不能找到精准流量池，则转化率低、成交少且慢。

二、设计接触点

设计接触点就是设计吸引用户的亮点，包括设计形象、设计利用价值、设计人设等。

三、设计爆点

设计爆点就是设计一套性价比高的内容系统，或一套可以帮助产生业绩的落地方法和渠道系统。

四、培育价值

价值是在持续为用户提供利益、解决问题的过程中培育出来的，这些价值最终会换来用户的信任。培育价值都是“虚实结合”的。“虚”是指传输观点、价值，输出内容；“实”是指提供实实在在的商品或服务等。

五、打造信任系统

信任是生意的资本。通过打造信任系统，成交双方或多方将最终形成双赢或多赢的局面。

六、成交分析

有了一系列扎实的前期工作，成交将水到渠成。成交之后应进行分析，以促成更多、更好的交易。

七、裂变点设计

裂变就是利用用户庞大的社交网络，通过一定的方式引导用户进行一传十、十传百的营销传播，以低成本、高效率获取用户增长。裂变后，所有成交、收益将自动完成，流量源源不断，只需简单执行交易即可。

第二节　塑造价值

想让品牌及其产品更有价值，需要用动听的故事来进行价值塑造。

一、案例

1. 德芙巧克力

德芙巧克力的品牌故事讲述的是卢森堡王室厨师莱昂与芭莎公主的爱情故事。莱昂与芭莎公主相爱，但芭莎公主难逃政治联姻的命运，莱昂用刻着“Dove”（表示“Do you love me?”，即“你爱我吗?”）的巧克力表明心意，结果却因为巧克力融化而让芭莎公主错过了莱昂的表白，两人阴错阳差地错过。很多年后，莱昂知道了真相，决定做出一款不会融化的巧克力，并在上面写上“Dove”，以纪念自己的爱人。

德芙巧克力品牌售卖的不仅是巧克力，其产品还被认为是浪漫爱情的象征。

2. 依云矿泉水

1789 年夏天，一名法国贵族患上了肾结石。他来到依云小镇，饮用了一段时间源自卡查特（Cachat）绅士花园的泉水，惊奇地发现身体奇迹般痊愈了，这件奇闻被迅速传开。卡查特绅士将花园用篱笆围起来，并开始出售其中的泉水。1864 年，拿破仑三世将产自卡查特绅士花园的泉水正式赐名为依云（Evian，本意是水）。

依云矿泉水被发现可以治疗肾结石的神奇故事引发了人们的兴趣，人们争相传播这一惊人发现，品牌由此被广泛知晓。

3. 苹果公司

计算机科学之父艾伦·图灵因食用浸过氰化物溶液的苹果而死亡。苹果公司的标志有时被误认为源于图灵自杀时咬下的苹果。苹果公司通过这个故事，轻松地将品牌的起源与计算机科学之父相联系，带有强烈的心理暗示。

二、经验总结

用于价值塑造的品牌故事一般具有以下要素。

1. 主线

德芙巧克力的品牌故事主线是爱情，而不是材料与工艺。材料与工艺很容易被复制，但是独特的爱情故事无法被盗版，德芙巧克力借此塑造了自己的品牌价值。

2. 悬念

品牌故事一般会在一开始设置悬念，激发消费者的好奇心，引导其主动了解后续发展。

3. 情景

好的品牌故事会设置丰富的情景，通过对情景细节的描述，从视觉、听觉、味觉、触觉、嗅觉、知觉上加深消费者对品牌及其产品的感受。

4. 冲突

人物之间的冲突、人物自己内心的冲突等是故事情节高潮迭起的重要因素。

5. 心理感受

讲述品牌故事时，应用恰当的文字描写主角在不同情景下的悲伤、欢愉、兴奋、愤怒、失望等心理感受。这些心理感受描写越契合消费者心理，就越能引起消费者的情感共鸣，从而能建立品牌认同、促成交易。

第三节　文案写作

文案写作要灵活运用各种方法。优秀的文案要有优秀的洞察力，要能够调动消费者的情绪，使之产生心理投射。

一、文案写作方法

文案写作的关键在于让消费者有意愿“读”下去。文案要表达消费者的生活、情感、心理、需求等，让消费者在文案中看到自己，产生代入感，如此才能在消费者心中引起共鸣。

1. 将产品特点与消费者需求相联系

文案要塑造一个理念，让理念变成一座桥梁，将产品的特点与消费者的需求联系在一起。例如，德芙巧克力的广告文案“愉悦一刻，更享丝滑”既突出产品“丝滑”的特点，又将其与消费者的心理需求“愉悦”联系在一起。

2. 引起关注

文案要有一个好的开头，也就是要吸引消费者，赢得关注。童话故事的常用开头“很久很久以前”就起到这个作用。

3. 故事铺垫

引起消费者的关注后，故事铺垫就十分重要。故事文案要注意各种信息的组织，给予一定的信息提示，让消费者猜结局。

4. 增加趣味性

无论是用于宣传品牌还是用于推销产品，文案故事情节都必须有吸引力，环环相扣，让消费者有兴趣一直“读”下去。增加故事的趣味性是让文案有吸引力的重要手段。需要注意的是，文案的趣味性应该站在消费者的角度去考虑，而不是站在文案创作者自己的角度去考虑。

5. 传递价值

品牌文案故事的核心目标是向消费者传递品牌价值，建立情感认同。因此，品牌文案故事必须基于客观事实。

6. 催眠销售

销售中的“催眠”是指挖掘消费者痛点（核心卖点），同时进行情景化描述。例如，一名消费者逛街时突然听到某服装品牌促销降价的宣传，看到很多人进店，于是也进去看看，服务人员给消费者描绘着装后的舒适度、形体修饰效果、适合的场合等，促成了交易。从消费行为学上分析，导致这一消费行为的根本原因可能是潜意识被“催眠”。文案写作也可以运用这种催眠销售方式。

7. 描述心理感受

某品牌面膜的广告文案：

第一次使用时，你会感觉肌肤清爽冰凉，干渴的细胞像在喝水一样。取下面膜那一刻，你会发现一个全新的自己，皮肤白里透红，就像刚刚成熟的苹果一样。

坚持使用半年后，你已经成为同学聚会的焦点。你将会发现皮肤好像重新回到18岁时的状态，你的每一天都自信满满……

这些描述心理感受的文案契合爱美女性的心理需求，容易获得认同。

二、文案写作技巧

1. 主题明确

优秀文案能用一句话讲出一个精彩故事，如“钻石恒久远，一颗永流传”。

2. 主次分明

文案写作不要罗列一堆信息，要按照逻辑进行主次排序，叙述清楚。

3. 制造悬念

文案中若设置悬念，消费者就会产生疑惑，进而就会产生主动寻找答案的冲动。

4. 营造神秘感

文案若能营造神秘感，也能引起消费者的好奇心，让其有兴趣探究下去。

三、价值宣传

消费者对文案中的产品价值认知是基于其消费经验或通过同类产品比较得出的。若改变产品价值的参照体系，就可能改变消费者对产品价格的感受。

商家可以通过定价策略事先设定一个产品价值参照体系，这就是锚定价格。商家销售产品时一般标示原价，然后打上叉，再标注现价，这就是锚定价格的具体应用。

锚定价格高，所售产品价格低，消费者就会感觉实惠；反之，就可能会感觉到吃亏上当。文案写作时，可重点突出锚定价格与销售价格的差距，促成交易。

四、促销宣传

消费者普遍认为，商家不论如何打折都是有利润可赚的。过低折扣的产品一方面可能被消费者认为原价被故意抬高（市场价格透明的产品除外），另一方面会降低顾客的炫耀资本。折扣对于消费者来说只能起到一定的刺激作用。

赠送礼品的促销形式能在不改变原价的基础上让消费者感觉得到实惠。有经验表明，原价不变、买一赠一的促销活动比 5 折促销活动更受欢迎。

文案写作时，要洞悉消费者心理，了解商家的促销方式，进行合理的促销宣传。

五、电商文案

1. 电商文案的特点

电商文案围绕商业目的，通过微博、微信等平台进行发布，吸引消费者并引发购买行为。

电商文案可方便快速地覆盖整个新媒体平台，且易被复制、转载、分享等。基于新媒体的特点，电商文案用语更加自由，可以使用网络中流行的新词、热词来吸引消费者。电商文案不仅可包含文字、图片，还可通过视频、超链接等来丰富内容。

视频平台的电商文案需尽量精简，突出主题。直播平台的电商文案则贯穿在直播预告、直播过程中，包括主播的讲稿、直播中的文字交流等。

2. 案例示意

在传统白酒巨头占优势的市场情况下，“江小白”将目标消费群体定位为年轻人，打出“青春新白酒”的品牌主张，并贯彻在品牌的宣传中，以“黑马”之姿突出重围。

“江小白”的异军突起不仅在于其明确的市场定位，还在于其走心的文案。“我是江小白，生活很简单”（见图 11-1）这种简单直接的表述表达了年轻人简单、纯粹的生活态度，不仅更能打动年轻消费者，也非常契合新媒体平台的宣传特点。

图 11-1 “江小白”广告文案

第十二章

短视频创作

短视频一般是指在互联网上传播时长在 1 分钟（无严格界定）以内的视频。对于直播销售来说，前期、后期的推广营销都会涉及短视频领域。

不同于微电影和直播，短视频创作具有生产流程简单、制作门槛低、参与性强等特点。超短创作周期和趣味化内容要求对短视频创作者的文案及策划功底有一定的挑战。

优秀的短视频创作者通常依托成熟运营的自媒体或 IP 输出高频稳定的内容，背后有强大的粉丝群体，庞大的粉丝基数和用户黏性背后潜藏着巨大的商业价值。

第一节　短视频创作流程

一、短视频内容创作

内容有趣，能够让观众产生共鸣，并且能够持续为观众提供价值是短视频创作者能够长期生存下去的关键。

短视频内容创作应注意以下因素。

1. 突出个性

短视频内容应有个性，千篇一律的内容无法在海量视频中脱颖而出，获得关注和传播。这种个性可以通过短视频中出现的人物来体现。

2. 内容真实

真实的内容往往更能打动人，推荐真人出镜，表明短视频的真实性及原创性。

3. 主题明确

短视频应按照文案设计的时间、地点、人物、事情顺序进行拍摄和剪辑，应表达一个明确的主题。

4. 良性互动

短视频可使用开放性问题、能获得认同的话题或较难回答的问题引发观众的讨论和思考，从而形成良性互动。

5. 场景多元

一条短视频应包含三种以上的场景，如公园里、沙发上、餐厅里等。

6. 竖屏

目前，竖屏（9∶16）形式的短视频是主流趋势。

7. 叙事完整

短视频叙事应完整。例如，要表现“中秋买螃蟹吃”这个主题，就要拍摄从买到蒸熟、再到吃掉的全过程，这些应该全部呈现在一个短视频里。

8. 高清且无抖动

短视频画面应高清且无抖动，保证观看效果。

9. 声画同步

避免声画不同步、声音嘈杂、突然静音等情况，保证观看舒适性。

10. 引发共鸣

短视频应能让观众从作品中看到自己，引发观众情感、思想上的共鸣。

11. 后期制作完善

短视频的后期制作应完善，包括字幕、解说、配乐等。

12. 有趣味

短视频内容要有趣味，拍摄手法可多样化，制作上要独具匠心。

二、短视频文案创作

文案创作是短视频创作中较难的部分。文案创作者应具备敏锐的“网感”，对相关领域有清晰的认识，并具备深厚的文学功底，既能够天马行空，构思出精彩的创意，又能够抓住时代脉搏，写出精辟的观点。

要想写好文案，必须进行大量经典著作阅读。阅读和学习经典能让文案创作者不断涌现灵感。有些短视频文案直接引用了经典著作中的语句，也能产生不错的效果。

下面列举一些摘自经典著作的优秀文案与读者分享。

1. 理解别人远比审判别人更为快乐。

——斯蒂芬·茨威格《象棋的故事》

2. 就是有那么一些人，他们，他们太担心来世了，以至于都没学会怎样在这个世界上生活。

——哈珀·李《杀死一只知更鸟》

3. 无论什么地方，只要你爱它，它就是你的世界。

——王尔德《夜莺与玫瑰》

4. 恋别人是需要付出代价的，恋自己不需要，我想怎么爱我自己，就怎么爱我自己。

——莫言《蛙》

5. 我们凡人所能追求的神圣，无非是为了热爱而奋不顾身。

——恩田陆《蜜蜂与远雷》

三、短视频标题创作

优秀的短视频不仅需要优质内容作为依托，还需要一个能够吸引观众注意力的标题。标题对于整个短视频来说起画龙点睛的作用，好的标题能够迅速抓住观众的眼球，带来巨大的流量。

下面列举一些常用的短视频标题结构。

- 他是（一个千万富翁），经历了（破产），结果（现在变成这样了）!

这类标题适用于励志情感类账号。

- 这些事情做到了，想（不会运营）都难!

这类标题适用于励志类账号。

- （2020）最新（旅游报告 / 旅游攻略 / 高科技发明）

这类标题适用于讯息类账号。

- 一个（热吻）却让（他找到了最漂亮的老婆）!

这类标题适用于情感搞笑类账号。

- 他为了（情人丢弃结发妻子），如今（流落街头）!

这类标题适用于情感分析类账号。

第二节　短视频制作要素

一、构图

构图是短视频制作的关键。短视频创作者应根据故事情节、题材和主题要求，把要表现的内容适当地组织起来，构成协调、完整、舒适的画面。

拍摄短视频时要防止出现画面混乱、拍摄对象不突出等问题。成功的构图应该是画面人物主体突出、主次分明、简洁明晰，让人赏心悦目。

拍摄短视频时，画面要有一定的变化，不能全程用同一个焦距、同一个角度进行拍摄，要通过推、拉、摇、移、跟等运动镜头拍摄方法使画面富有变化，突出故事情节。

拍摄人物时，要通过推送镜头进行远景、全景、中景、近景、特写拍摄，实现画面切换，这样才能使画面和人物表现更丰富。

二、光线运用

短视频拍摄中，光线运用也是非常重要的方面。拍摄过程中，要注意运用顺光、逆光、侧逆光、散射光等来表现拍摄的物体与人物，同时也要注意避免曝光过度、曝光不足等问题。如果拍摄环境光线不足，就需要运用灯光或其他打光方式来补足。

三、拍摄

1. 防抖建议

短视频画面抖动厉害会降低观众的观看欲望，影响传播效果。因此，在制作短视频的过程中，应尽量做好下列防抖工作。

（1）借助防抖器材，如三脚架、防抖稳定器等稳定镜头。

（2）拍摄人员应注意拍摄时的动作和姿势，避免大幅度动作。

2. 剪辑建议

短视频剪辑是将拍摄的视频素材按照一定的逻辑进行特定技术处理，形成基于特定视角的作品的过程。

视频素材拍好后，要进行后期综合剪辑制作，包括画面切换、添加字幕、添加音乐、转场、添加特效等。剪辑要围绕创作主题、脚本进行，需要注意画面调色等，剪辑过程中可加入转场特技、蒙太奇效果、画中画效果等。需要格外注意的是，合理使用特效能使短视频最终呈现酷炫效果，但过多使用则会适得其反。

第十三章

商城搭建

第一节　抖音小店

抖音小店是抖音官方为商家提供的电商服务平台，能帮助商家拓宽变现渠道，提升流量价值。

一、入驻

企业、个体工商户、个人均可入驻抖音小店。抖音小店的入驻流程如图 13–1 所示。

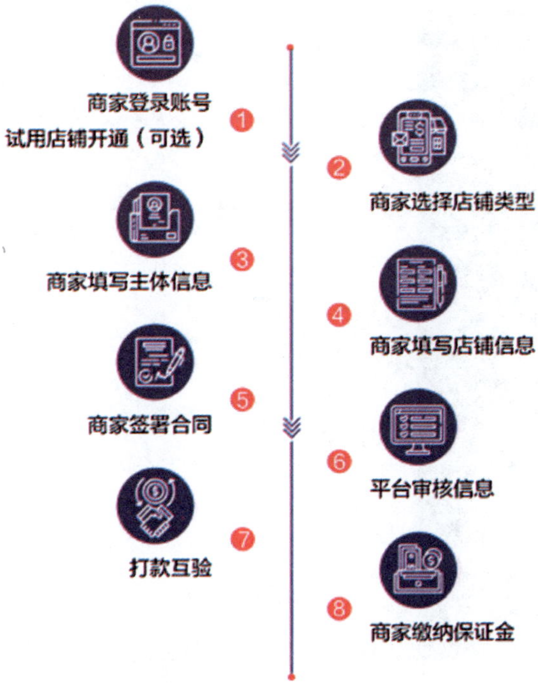

图 13-1　抖音小店的入驻流程

二、上传商品信息

登录抖音小店商家后台，找到“商品”，点击“商品创建”即可上传商品信息。

三、营销工具

登录抖音小店商家后台，找到“营销中心”，点击“营销工具”，即可看到抖音为商家提供的营销工具，如图 13-2 所示。

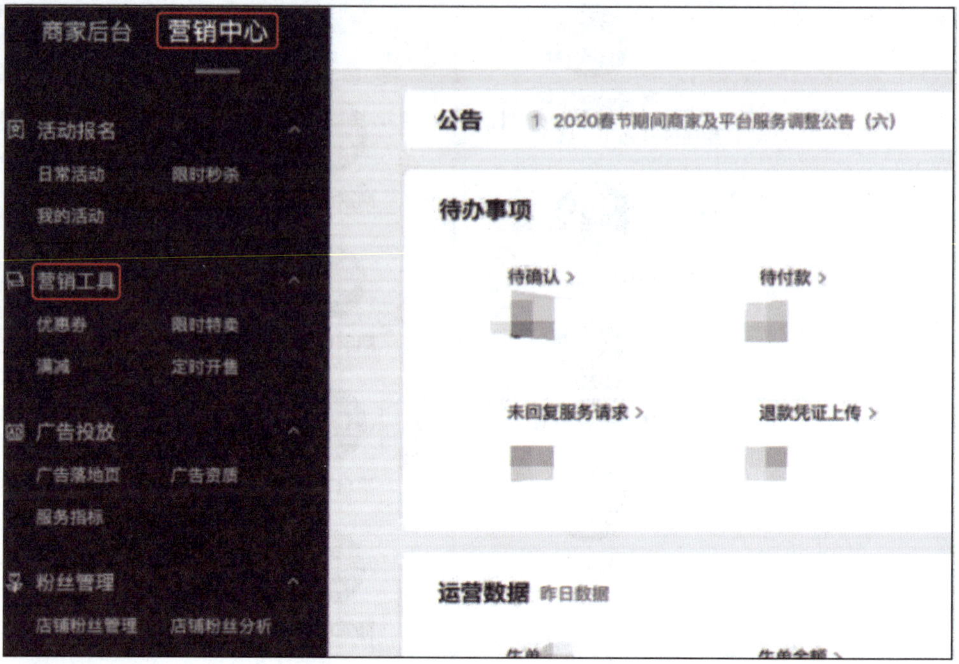

图 13-2　抖音小店“营销工具”

1. 优惠券

抖音小店的优惠券类型如图 13-3 所示。

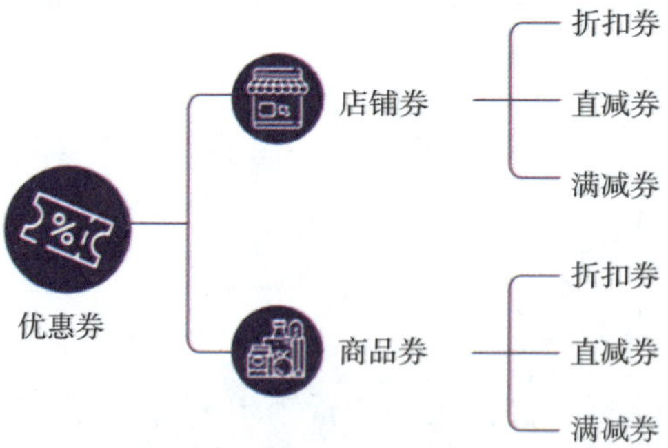

图 13-3　抖音小店优惠券类型

2. 限时特卖

限时特卖适用于在指定时间内以相对优惠的价格售卖指定商品，旨在帮助商家实现商品促销。

四、绑定渠道号

商家在抖音上能绑定的渠道号是同属于字节跳动的今日头条、抖音、火山小视频、西瓜视频等 App 的注册账号，同一个抖音小店可以绑定多个渠道号，被绑定的渠道号能够在不同 App 上分享该小店的商品，实现多个账号为同一家抖音小店引流，提升流量收益与订单量。

登录抖音小店商家后台，找到“店铺”，点击“渠道管理”，即可进行绑定渠道号的操作，如图 13–4 所示。

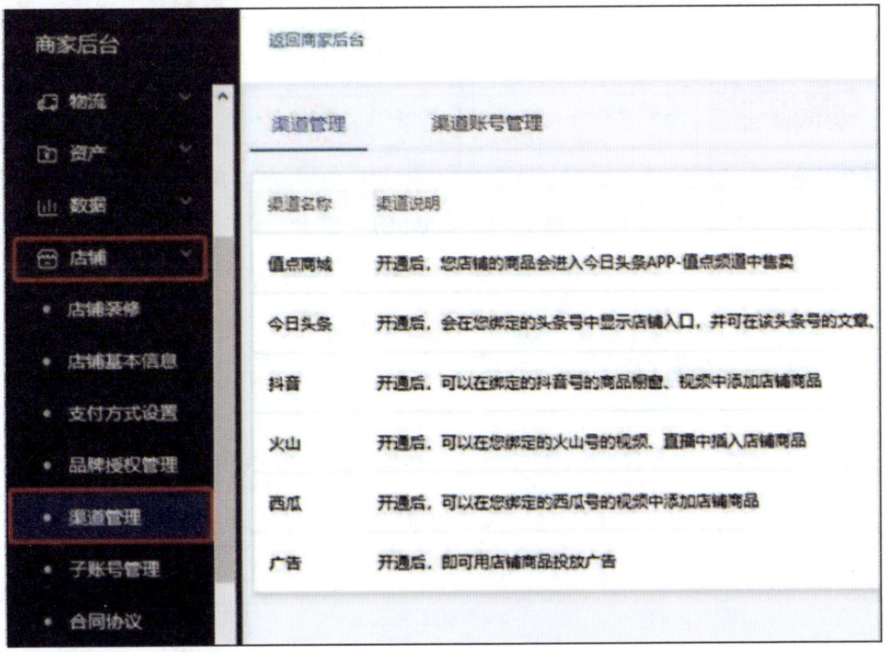

图 13–4　抖音小店绑定渠道号

第二节　快手小店

一、入驻

打开快手 App，点击首页左上角的“☰”符号，选择“更多”，点击“快手小店”，选择“开店”，按照平台设置的流程完成身份认证等即可入驻快手小店，如图 13–5 所示。

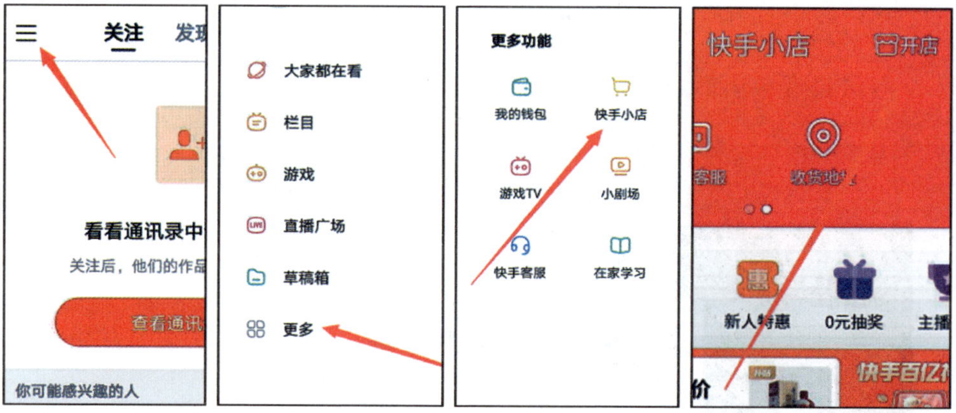

图 13–5　入驻快手小店

二、个人页展示店铺

点击“设置”，选择“快手小店”（卖家端），再点击“基本工具”，选择“个人页店铺”，点击“立即展示”，即可实现在个人页展示店铺。

三、上传商品信息

上传商品信息有两种方式：在快手小店（卖家端）页面上点击“快手商品”，再点击“添加商品”，按照提示填写内容，提交审核；或者在快手小店（卖家端）页面上点击“其他平台商品”，再点击“添加商品”，复制商品链接或口令，提交审核。

四、关联直播商品

进入直播准备页面，勾选“本场直播我要卖货”，再点击开始直播。然后，选择本场需售卖的商品，与直播关联。关联直播商品后，在用户页面可以看到小黄车，主播直播页面中并不显示小黄车（商品链接）。

五、特色功能

1. 延后发货

在快手小店（卖家端）页面上点击“商品管理”，选择“添加商品”，进入商品信息填写页面，选择“运费模板、退货规则、商品限购等更多设置”，点击“发货时间”，即可填写需延后发货的天数（发货时间为 4 ~ 90 天），填写完成后提交审核。

2. 秒杀

在快手小店（卖家端）页面上点击“秒杀管理”，选择“创建秒杀”，按提示填写好秒杀价格、库存、限购件数、秒杀时长等信息后，点击“开始秒杀”。

3. 直播间发券

直播间创建完成后，可通过优惠券管理页面发放优惠券。

4. 优惠券复制

点击“优惠券管理”，选择“复制”，即可复制特定的优惠券内容，将其应用于其他商品或增加优惠券数量。

5. 闪电购

在快手小店（卖家端）页面上点击“闪电购”，符合开通条件即可开通。

第三节　拼多多店铺

一、入驻流程

拼多多店铺入驻流程如图 13–6 所示。

01 准备资料

1. 点击查询入驻所需资质（不同的店铺类型、主营类目所需的入驻资质不同）

2. 事先将资料准备齐全，以便一次性通过审核

02 入驻申请

1.选择店铺类型、主营类目

2.根据页面提示正确填写入驻信息，上传相关资质

3.填写店铺名

03 提交审核

1.审核时效：个人店及普通企业店铺审核时效为2个工作日，旗舰店、专卖店、专营店审核时效为3个工作日（以实际审核为准）

2.短信通知：无论是否通过审核，都将通过短信通知审核结果

04 开店成功

1.可以前往商家后台开始致富之旅

2.商家后台：可以直接登录拼多多商家管理后台，也可以下载拼多多商家版App管理店铺

图 13-6　拼多多店铺入驻流程

二、入驻入口

进入官方网站，选择“商家入驻”，输入手机号，设置密码，通过收到的手机验证码即可登录拼多多招商平台，如图 13-7 所示。

图 13-7　拼多多店铺入驻入口

三、入驻资质

用户成功登录后，进入店铺类型选择页面，商家根据自身情况选择个人店或企业店。不同店铺需上传的资质证明不同。

1. 个人店入驻资质

个人店分为两种情况：以个人身份开店和以个体工商户身份开店。

（1）以个人身份开店。以个人身份开店必须提供以下两方面信息：

1）店铺名称和主营类目。

2）开店人身份证信息。

（2）以个体工商户身份开店。以个体工商户身份开店除必须提供店铺名称和主营类目、开店人身份证信息外，还必须提供营业执照。

2. 企业店入驻资质

企业店分为旗舰店、专卖店、专营店、普通店。除都需提供主营类目信息外，不同类型的企业店所需的入驻资质证明各不相同，见表 13–1。

表 13–1　　店铺类型和资质证明

店铺类型	普通入驻（企业店）	需上传的资质证明			
		企业三证	商标注册证	授权书	身份证
旗舰店	经营 1 个或多个自有品牌的旗舰店	√	√		√
	经营 1 个授权品牌的旗舰店，且品牌授权书为一级独占授权	√	√	√	√
	卖场型品牌（服务类商标）所有者开设的品牌旗舰店（限拼多多商城主动邀请入驻）	√	√	√	√

续表

店铺类型	普通入驻（企业店）	需上传的资质证明			
		企业三证	商标注册证	授权书	身份证
专卖店	经营1个或多个自有品牌的专卖店	√	√		√
	经营1个授权品牌的专卖店（授权不超过2级）	√	√	√	√
专营店	经营1个或多个自有品牌的专营店	√	√		√
	经营1个或多个他人品牌的专营店（授权不超过4级）	√	√	√	√
	既经营他人品牌又经营自有品牌的专营店	√	√	√	√
普通店	普通企业店铺	√			√

四、特别说明

拼多多可能随时变更店铺命名限制或命名规则，并在生效前在拼多多官网予以公告。公告一经发布即视为已通知商家。若商家不同意相关变更，应在变更后的规则生效之前立即停止使用拼多多提供的相关服务并及时通知拼多多。

新规则生效后，拼多多有权要求商家在指定期限内对不合规的店铺名称进行修改并对店铺采取临时限制措施，商家逾期不修改的，拼多多有权视情况进行修改。

五、入驻限制

具有下列情形的品牌可能无法入驻：名称以“网”“网货”结尾的品

牌，包含行业名称或通用名称的品牌，包含知名人士姓名、地名的品牌，与知名品牌相同或近似的品牌，与拼多多已有的业务、类目相同或相似的品牌。

第四节 有赞商城

有赞商城是面向商家的线上开店系统，能帮助商家搭建网上店铺，支持拼团、砍价、优惠券、分销员、会员储值等上百种营销工具，具有客户管理、数据分析、行业洞察等多种功能。

登录有赞官方网站，选择“商家服务”，即可看到有赞为各类商家提供的店铺类型，如图 13-8 所示，商家可根据需要进行选择，按照相关流程进行操作即可搭建店铺。

图 13-8　有赞提供的商家服务

一、有赞零售

有赞零售是面向实体零售商家的线上、线下一体化经营管理系统，能帮助商家管理人（消费者）、货（商品）、场（门店）、进（采购）、销（销售）、存（库存）、工（员工）、财（资金）、物（物料），聚焦到店、到家、离店三大经营场景。

目前，有赞零售功能包括会员管理、会员储值、积分兑换、多渠道商品互通、商品多规格、卡券核销、到店自提、供应商管理、智能采购、采购入库、动销分析、库存调拨、导购管理、资金归集等。

二、有赞连锁

有赞连锁是有赞商城为多门店连锁商家提供的统一运营解决方案，适用于直营、加盟、联营等经营模式。有赞连锁主打商品通、库存通、订单通、会员通、储值通、营销通、数据通、资产通八大模块，同时支持网店和门店管理，可以帮助连锁商家快速打通线上与线下、门店与总部，实现一体化经营。

三、有赞美业

有赞美业是有赞为美容行业商家提供的互联网化门店经营工具，能帮助商家拓客、留客、管店，涵盖多人拼团、同行减价、推广员等多种营销工具，支持多种消费场景，如在线预约、到店服务，或网上售卡、门店消费等，同时有赞美业还能帮助商家实现线上、线下会员统一经营。

四、有赞教育

有赞教育是有赞为教育机构提供的互联网经营解决方案，能帮助教育机构解决在招生拓源、教务管理、学员管理、互动督学等环节的痛点，并通过售卖实物商品实现多业态发展，适合亲子早教、兴趣教育、语言培训、留学游学、学科辅导、职业培训等多种教育类型。

五、有赞餐饮

有赞餐饮是有赞为实体餐饮门店提供的互联网经营解决方案，提供门店经营和在线营销工具，现已实现外卖、扫码买单、优惠券、满减、资金管理、餐饮小程序等功能，让商家既能拥有自己的外卖平台，又不需要支付高额的平台佣金。通过各类有赞餐饮的营销工具，消费者能够实现在线点餐、在线支付，或者到店消费、扫码买单，这既提高了商家的收银效率，又提升了消费者的消费体验。

六、有赞云

有赞云是有赞为商家、第三方开发者打造的技术开放平台。商家、第三方开发者可以在有赞系统架构的基础上进行创新组件定制开发，满足个性化业务需求。

七、有赞精选

有赞精选是有赞旗下的综合性电商平台，分为美食、美妆、居家、服饰配件、亲子等类目，致力于为消费者推荐优质商品。

八、有赞小程序

有赞小程序具有可制作、一键授权、无须开发的特点，可以帮商家对接微信小程序，目前分为微商城小程序、零售小程序、餐饮小程序、美业小程序等，全线提供全方位支持。

九、有赞分销

有赞分销是有赞旗下的分销平台，精选优质一手货源，通过专业化运营，配以强大的分销系统，帮助商家解决货源和渠道拓客问题。有赞分销已全面覆盖食品、居家个护、美妆、数码科技、亲子母婴等行业。

十、有赞跨境

有赞跨境是有赞为跨境进口商家提供的行业解决方案，支持境内外主体认证、跨境结算认证、实名购买保障、交易平台搭建、跨境支付、仓储物流、海关口岸对接等服务，帮助跨境进口商家实现正规化经营，拓展互联网客户群，提高经营效率。

十一、有赞广告

有赞广告是有赞为商家提供的广告投放服务。有赞广告基于电商数据沉淀，分析各类目下单人群的特征，帮助商家实现广告精准投放，并促成交易转化，形成全链路营销闭环。

十二、有赞云 App 开店

有赞云 App 开店解决方案主要面向工具、社交、游戏等类型 App 开发者。开发者只要直接把有赞店铺嵌入已有的 App 里即可生成商城模块，实现店铺商品展示、营销、交易购买、售后维权退款、会员积分打通等功能，无须自行开发。